專案管理 現在就做

4大步驟、7大成功要素，要你成爲專案管理

Getting Started in Project Management

Paula Martin & Karen Tate

經營管理 35

專案管理，現在就做

作　　者　寶拉・馬丁（Paula Martin）、凱倫・泰特（Karen Tate）
譯　　者　胡瑋珊
總 編 輯　林博華
責任編輯　許玉意

發 行 人　凃玉雲
出　　版　經濟新潮社
台北市中正區信義路二段213號11樓
電話：(02)2351-7776　傳真：(02)2351-9179
發　　行　英屬蓋曼群島商家庭傳媒股份有限公司城邦分公司
台北市中山區民生東路二段141號2樓
讀者服務專線：0800-020-299
服務時間：週一至週五9:30~12:00;13:30~17:30
24小時傳真服務：02-25170999
讀者服務信箱E-mail：cs@cite.com.tw
劃撥帳號：19833503
戶名：英屬蓋曼群島商家庭傳媒股份有限公司城邦分公司
香港發行所　城邦（香港）出版集團有限公司
香港灣仔軒尼詩道235號3樓
電話：25086231　傳真：25789337
馬新發行所　城邦（馬新）出版集團
Cite(M) Sdn. Bhd. (458372 U)
11, Jalan 30D/146, Desa Tasik, Sungai Besi,
57000 Kuala Lumpur, Malaysia
電話：603-90563833　傳真：603-90562833
E-mail:citekl@cite.com.tw
印　　刷　禾堅有限公司
初版一刷　2005年10月1日
ISBN：986-7889-34-7

售價：350元

Printed in Taiwan

〈出版緣起〉

我們在商業性、全球化的世界中生活

經濟新潮社編輯部

跨入二十一世紀，放眼這個世界，不能不感到這是「全球化」及「商業力量無遠弗屆」的時代。隨著資訊科技的進步、網路的普及，我們可以輕鬆地和認識或不認識的朋友交流；同時，企業巨人在我們日常生活中所扮演的角色，也是日益重要，甚至不可或缺。

在這樣的背景下，我們可以說，無論是企業或個人，都面臨了巨大的挑戰與無限的機會。

本著「以人為本位，在商業性、全球化的世界中生活」為宗旨，我們成立了「經濟新潮社」，以探索未來的經營管理、經濟趨勢、投資理財為目標，使讀者能更快掌握時代的脈動，抓住最新的趨勢，並在全球化的世界裏，過更人性的生活。

之所以選擇「**經營管理—經濟趨勢—投資理財**」為主要目

標，其實包含了我們的關注：「經營管理」是企業體（或非營利組織）的成長與永續之道；「投資理財」是個人的安身之道；而「經濟趨勢」則是會影響這兩者的變數。綜合來看，可以涵蓋我們所關注的「個人生活」和「組織生活」這兩個面向。

這也可以說明我們命名為「經濟新潮」的緣由——因為經濟狀況變化萬千，最終還是群眾心理的反映，離不開「人」的因素；這也是我們「以人為本位」的初衷。

手機廣告裏有一句名言：「科技始終來自人性。」我們倒期待「商業始終來自人性」，並努力在往後的編輯與出版過程中實踐。

推薦序

PMP最佳輔助工具

碩網資訊股份有限公司總經理

邱仁鈿

全球知名的ACM Turing Award得主、IBM System 360系統的主要設計師Frederick P. Brooks Jr，在他的巨著《人月神話》（*The Mythical Man-Month*）中曾經提到，對於已經延遲的軟體工程專案，若再加更多人手，就像是火上加油，只會讓它變得更慢。這句話道盡了專案管理的規則當中，其實充滿了各式各樣的可能與矛盾。其實原因很簡單，專案最大的瓶頸就是人與人之間的溝通，從某個角度來看，增加更多人不但沒有幫助、反而適得其反，就是這個道理。

其實日常生活中隨處可見各種形式的專案管理，小到準備團隊的期末報告，大到幾千億的高速鐵路BOT，都是各種規模大小不同形式不同的專案。有經驗的專案經理都知道，管理專案最困難的，就是人與人之間溝通的問題，因為量化的不易，也因此特別容易產生管理上的死角，尤其是專案規模越大，時間越長，參與人員越多，整體複雜度也就呈爆炸性的成長，導致難以駕馭。

本書的兩位作者都是極富經驗，具有跨國企業諮詢顧問能力的專案管理專家，書中所提的方法不但架構清晰，簡單易懂，更有各式軟體工具協助管理者輕鬆上手，以實作快速累積經驗。作者亦透過簡單的圖表與條列式的重點提示方式，方便專案人員的互動與溝通。對於決策模式的生成與問題的解決方式也都有簡易的試算表工具，能讓人一目了然，正確地掌握重點。

最近，在PMI（Project Management Institute）的大力推廣之下，在專案管理的領域當中最熱門的話題不外就是PMP（Project Management Professional）了，PMP所代表的理論架構與實作模式事實上非常複雜，往往需要相當多的時間和訓練才能充分體會其中的精要。在本書中所提出的方法可以作為輔助教材。

台灣在專業的專案管理起步較慢，近年來在許多國際企業的帶動下，專案管理成為一項熱門且不可或缺的科學，這本書提供許多問題的解決準則：專案該提早執行嗎？時程延宕時該如何處理？專案經理該如何監督人員？需求突然變更該如何解決？諸如此類許多經理人經常發生的問題，都可以藉由此書找到處理法則與參考範例。

專案管理的領域近年來也一直跟著相關科技的進步，而逐漸走出一種新的模式。舉例來說，寬頻網路與無線通訊都是讓專案管理者能更及時，且更有效率地掌握專案的進度與問題。同時，也因為大量資訊快速傳遞，使得各式軟體工具變成必要且不可或缺的一部分。在個人所從事的軟體開發工程當中，高效率的專案管理更是時時刻刻都要面對的一大挑戰，在閱讀本書的過程當中，發現許多我們團隊在軟體專案開發過程中曾經遭遇過的一些經驗，與書中所舉的例子多有相似之處。讀者們必能在此書中吸取作者的寶貴經驗，應用在自己面對專案管理的各種挑戰中。相信各位會和我一樣有很大的收穫。

目錄 Contents

序言

簡介

各位都是專案管理的新手。嗯，你們可不孤單。許多人也是近年才剛發現專案管理是個很棒的工具，可以協助他們更加成功地管理專案。你們從事專案工作可能已有相當時日：在工作領域的專案（譬如開發新的產品、改進某個流程、執行某項新的服務），以及在家裡的專案（譬如計畫一場婚禮，或是家人的聚會）。一家人去度假和籌款的活動也都屬於專案。

對許多人而言，專案工作實在令人感到氣餒不堪。團隊對於應該做些什麼或是怎麼做老是無法達成共識，似乎永遠無法在截止日期之前完成任務。結果總是顧客不滿意、造成士氣低落。其實上述情況是可以避免的。如果你們採取有效的方法，逐步完成專案的各個步驟，專案其實可以很有趣，而且很成功。這本書正是如此：對於任何專案而言，本書所介紹的方法都很簡單，且易於使用。

本書即將介紹的「CORE 專案管理™」法，可以協助各位改善所有專案的結果。各位只要追隨我們所鋪下的黃磚道走下去，並將其應用在你們從事的專案工作上即可。請相信，如此一來你們的專案會更有組織，而你會更加成功、更有樂趣。沒有什麼會比這個結果更好的了。

本書要談些什麼？

本書組織的順序與你們管理專案的步驟是一樣的。幸好，專案大多都是採取線性進行的方式——有開頭、中間和結束——本書同樣也是線性進行的，帶領各位逐一了解成功管理專案所需的各個步驟。

第一章：基本概念。這一章會介紹專案的基本特質，以及專案與一般完成工作的方式有何不同。各位可以藉此了解，為什麼應該以新的方式管理專案，而不是繼續採用舊有的方法。同時，本章也將介紹專案團隊裡通常出現哪些人物，以及他們各自扮演什麼樣的角色。最後則是介紹專案的四個階段，以及各個階段需要哪些因素才能成功完成專案。

第二章：專案啟動。本章將會介紹專案核准書應該包括哪些部分；專案核准書是展開專案的書面文件。各位可以學習如何完成專案核准書、擬定議題清單及所學心得清單、為下個專案階段做好準備，以及組成專案團隊。

第三章：領導專案團隊。專案是由人完成的，專案領導人的角色有一部分是帶領團隊。各位可以學到帶領團隊的主要原則，以及為何團隊的參與對於專案管理流程而言如此重要。接著本章還會介紹團隊建立流程的五個步驟，讓各位了解如何成立高績效的團隊。最後，則是就你們身為專案領導人的技巧進行自我評估。

第四章：展開專案。團隊首度成軍、而且對專案介紹之後，就可以舉行展開專案的起始會議。起始會議會對專案接下來的工作設定基調。各位可以學到如何以正確的方式舉行起始會議。本章將會介紹一份簡單的議程，說明要做些什麼，以及如何做。

第五章：規劃範疇。範疇界定由專案完成的事情。規劃範疇就猶如為專案其餘事物設定舞台，所以這方面的規劃一定要做得正確。本章將帶領各位探索如何為專案找到正確的目標，學習如何辨認不同種類的顧客和界定顧客的需求。

第六章：組織專案。各位在本章將學到如何將專案分解為可以管理的單位，以及如何把這些環節組織為可以分配給專案團隊成員的工作。本章並將探討團隊的組成份子，各位可以藉此了解你們的專案團隊有否適當的人選，並且學習如何有效賦權。

第七章：評估風險。所有的專案都會發生問題。盡量避免問題發生，才能防止專案陷入混亂。當我們在檢討風險評估流程時，會回答以下這些問題：找出風險所在最好的辦法是什麼？找出風險所在之後，要如何對風險進行分析？如果可能的話，可以如何避免這些風險？

第八章：建立進度表。所有的專案都需要一份進度表。大多數的專案需要兩類進度表：一種是從全局著眼說明專案，這是用來和團隊之外的人士說明進度；另外一種則是協助團隊管理專案的截止日期。請隨著本章介紹的各個步驟，了解如何建立這兩種進度表，以及如果錯過截止日期的話該怎麼辦。

第九章：建立預算。所有的專案都會耗費資源，大多數是耗費成本。不過，雖然不是所有的專案都需要預算，但是全部都得擬定一份。各位將會學得如何估計成本，以及擬定支出預估值。

第十章：專案計畫的整合。進行過規劃的各個步驟之後，各位可以進而把這些資料整合成專案計畫文件，並送交批准。各位在此會學到專案計畫裡應該有哪些要素，以及如何撰寫執行摘要。其中要包括一份流程，說明計畫獲得批准之後，你會如何管理計畫的變化。

第十一章：以團隊為基礎之專案管理工具。除了以上介紹過的專案管理工具之外，你們還需要一些決策工具，才能順利完成專案其餘的步驟。各位在此會學到如何有效進行腦力激盪、組織、分析，繼而從團隊想出的點子或是議題當中做出抉擇。

第十二章：執行計畫。專案計畫獲得批准之後，就可以著手執行。不過你們必須不斷地監控專案進行的狀況，以確保專案沒有偏離正軌。你們也必須不斷地評估環境，藉此判斷是否出現任何風險評估裡沒有預期到的新風險。

第十三章：終結專案。快要大功告成了。這時候工作已經完成了，你們也準備好要解散。不過等等！你們還得評估顧客的滿意度，摘要說明在專案進行的過程中學到了哪些心得，並據此彙整出一份終結報告。然後則是慶祝活動。恭喜，這時候就是大功告成了。

第十四章：總結。本章會告訴各位如何有效促進團隊參與，以及專案的七大成功要素。

專案管理是一種流程，就宛如沿著黃磚道一路走下去的旅程。我們會一同走過專案管理的各個步驟，找到新的境界，為各位化解過去曾經體驗過的所有疑慮和問題，重新探討以往困擾你們的事情，最後，帶領各位踏入成功專案的翡翠城市。

專案管理再也不只是專案經理人的專利。你們就算不是專案經理人，可是希望成為這樣的角色，或是正在從事專案團隊的工作，而且希望做得更好，那麼本書就是為你們而寫的。你們還在等什麼呢？好不容易抵達了嶄新的境地，且讓我們繼續向前邁進吧！

第1章

基本概念

專案是什麼？

在我們展開專案管理的旅程之前，必須先了解幾個基本的概念。我們需要釐清的第一個問題是：「專案是什麼？」比方說，根據顧客的要求興建房屋算不算專案？如果你是營建業者，有一組班底興建一棟棟標準化的房舍，那這算不算專案？在第一個例子中，根據顧客要求興建房舍屬於專案工作。然而，標準化房屋的興建則是屬於商業流程。且讓我們看看專案和商業流程之間的相似之處：

- 這兩者都是透過一連串的任務或活動，把投入要素變成產出。以上述例子來說，這些活動包括挖地基、搭鷹架、蓋屋頂等等。

- 這兩者完成的時候，都有產出或是產品出現。專案的產出是根據顧客要求打造的房子。商業流程的結果則是標準化的房子。

很顯然的，專案和商業流程並非同一件事情。讓我們看看這兩者之間的差異。

首先，根據顧客的要求興建房屋是一種暫時性的活動，而非重複性的工作。當你蓋好這一棟房子之後，工作就宣告完成。如果你繼續興建，則每蓋好一棟，就是重複一次同樣的流程。第二，當你根據顧客要求興建房屋時，所產出的成果是獨一無二的，沒有任何一棟房子會和這棟一模一樣。如果你蓋的是標準化的房舍，則每一棟基本上都是一樣的。第三，如果你蓋的是客製化的房子，那麼你會召集一組承包商，並且指派他們各種任務。如果你的業務就是興建標準化的房舍，那麼你本來就有一組人馬，裡頭包括了水電工人、鋪地毯的工人，以及其他各種師傅，他們完成一棟房子之後，會接著蓋下一棟（請參考表1-1）。

讓我們看看另外一個例子。如果你要執行的是設計、啟用一套新的接單和履約流程呢（包括接訂單、挑貨、包裝、交貨）？這算不算專案？事實上這是屬於暫時性的活動；當這樣的流程一旦啟用，就再也不用重新設計。這會產生獨一無二的「產出」（deliverable）——可以隨時啟用的履約流程——而且在你公司裡，原來並沒有專案設計或是啟用履約流程的職位。所

表1-1　專案與商業流程

專案	商業流程
1. 暫時性：有開始和結束	1. 持續性：同樣的流程一再重複
2. 產生一個獨一無二的結果或是產出	2. 同樣的流程每次重複都會產生同樣的結果
3. 原本沒有專門處理這項任務的職位	3. 原本就有專門處理這項工作的職位

以說，建立履約流程可以滿足專案的標準。

當接單／履約流程一旦啟用之後，這套系統將如何運作呢？這究竟是歸為專案，還是屬於一種商業流程？由於你會持續地接單、履約，就表示你會一再重複同樣的流程。而且，你每次都會得到同樣的產出——交貨的貨櫃。最後一點，公司裡設有專門處理接單、挑貨、包裝的人員，因此，接單／履約流程的運作應該是屬於一種商業流程。

所以說，如果你要開發一些新的東西（好比說新的軟體應用程式，或是新的訓練計劃）；或是想要改善流程（譬如說重新設計流程、產品，或是改變提供服務的方式），那你就是在從事專案。如果你想要持續進行過去已做過的工作，那你就是在進行一種商業流程。

管理商業流程的方式叫做流程管理；管理專案的方式則稱為專案管理。

專案管理是什麼？

專案管理是指一組有助於改善專案結果的工具、技術，以及知識。在沒有專案管理的情況下管理專案，就好像沒有一套作戰策略就想要打贏足球比賽一樣。好比說教練召集球員，對他們說，「這場比賽該怎麼打？我們的分數一定要超過對手，所以我們一定要射入球門。現在，每一個人都給我到球場上去，你們覺得該怎麼做才能致勝，就放手去做。」

試問，這支球隊打贏比賽的可能性有多高？不會很高。他們缺了什麼？答案是一套出奇制勝的計劃、作戰計劃的協調、執行，以及根據比賽狀況調整作戰計劃的流程。如果這是一份專案，這些要素都包括在專案管理之內。

大多數的專案團隊就如同這支足球隊一樣，接下任務之後就開始埋首進行。一旦爆發危機時，大夥才聚在一起討論該怎麼辦；這樣的景象之所以層出不窮，是因為他們沒有一套作戰計劃。如果他們真的完成專案，團隊成員就立刻作鳥獸散，大家都希望再也不要重複同樣的經驗。他們為什麼會這樣？首先，他們可能不知道，擬定作戰計劃其實是有方法的。第二，他們可能以為擬定作戰計劃會導致專案進度延宕。但事實上，不花時間擬定計劃才會導致專案遲遲無法順利完成。只要你願意對規劃進行投資，就能節省整體專案的時間（參考圖1-1）。

專案管理流程包括一連串的活動，可以讓你們在投入工作之前先釐清一些基本的問題。好比說你想要什麼樣的成果？顧

圖1-1 投資規劃和最低程度的規劃

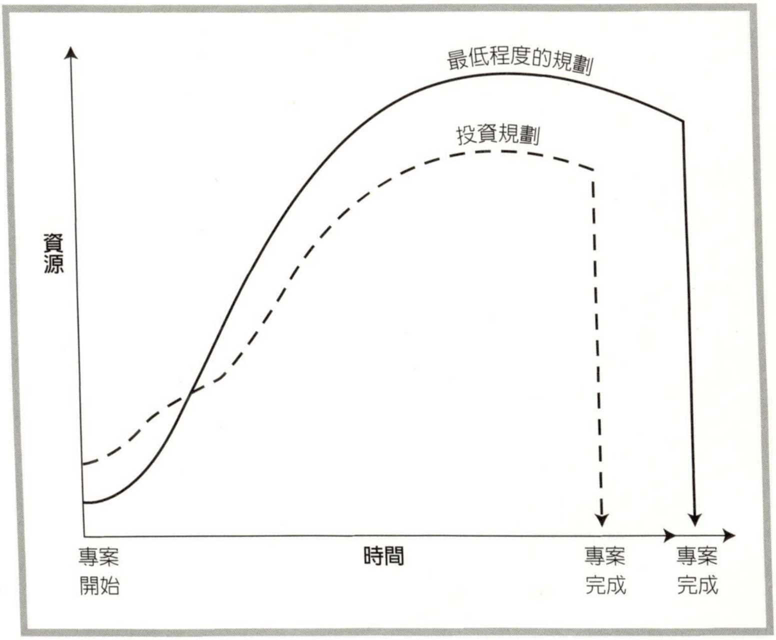

客想要什麼？他們的需求是什麼？這些工作該由誰來做？需要多久的時間才能夠完成？需要耗費多少成本？可能會出現什麼問題？能夠如何加以避免？從一開始就先釐清上述問題，接下來的工作才能夠順利、有效率地進行。

專案管理法除了有助於規劃之外，也可以追蹤專案的進度、解決問題。而且當專案發生變化時，這套方法也可以讓你們更從容地因應。就拿先前興建客製化房屋的例子來說，顧客可能決定入口處一定要有紗門才行，那你得順應顧客的意思調整計劃。此外，你還可以透過專案管理了解過程當中發生的種種事情，這樣一來，下一次進行專案時，你才能締造更好的結果。

專案管理法的特色

「方法」是一種完成任務的系統。如果你是自行進行某項專案，則你可以選擇任何對你有用的系統。可是，如果你是和一群人同時進行，那麼你們就需要一套共同的專案管理法，以便專案團隊成員的合作。專案管理法的擬定有兩個途徑，第一是由專案團隊成員自行擬定，第二則是採用已經開發出來、已獲得實際驗證的方法。

第二個選擇的好處是你們無須自行開發，而且這套方法已經過考驗、測試。這樣一來，你們可以專注在真正重要的事情上——也就是工作的內容。

本書要討論的方法叫做「CORE專案管理™」，簡稱為「CORE PM™」。CORE這幾個字母分別代表：

- 合作（**C**ollaborative）——用來形容專案團隊的參與模式。
- 開放架構（**O**pen architecture）——適用於任何類型的企業，以及任何型態的專案。
- 成果導向（**R**esults oriented）——可以協助你成功完成專

案，滿足顧客的要求。

- 易於使用（Easy to use）——這種方式是逐步進行的，因此很容易依循。

CORE專案管理™法乃作者以最新的管理技術所開發而成；譬如新權責（new accountability）、全面品質管理（total quality）、限制理論（theory of constraints）、賦權（empowerment）、組織團隊（teaming），當然還有專案管理。全世界各地的專案領導人及專案團隊都曾經採用這種方法。經過事實證明，這種方法不但易於使用，而且還非常有效。誠如各位所見，這種方法最適合應用於參與式、以團隊為基礎的環境，全體團隊成員都參與規劃、監控專案的進行；不過如果專案領導人獨自進行規劃和監督，這套方法也同樣適用。前者是所謂的「參與式專案管理」（participatory project management），後者則是「指導式專案管理」（directive project management）。在此且讓我們探討其中的差異。

指導式專案管理

指導式專案管理是屬於舊式的管理技巧，這是假設規劃和控制專案進行最適合的人選應該是專案經理（project manager）。專案經理規劃之後，將任務分派給團隊成員，然後追蹤個別成員的進度，確保他們準時完成任務。溝通主要是介於團隊成員和專案領導人之間，如果碰到問題，則由專案領導人解決（參考圖1-2）。

圖1-2 指導式專案管理的溝通風格

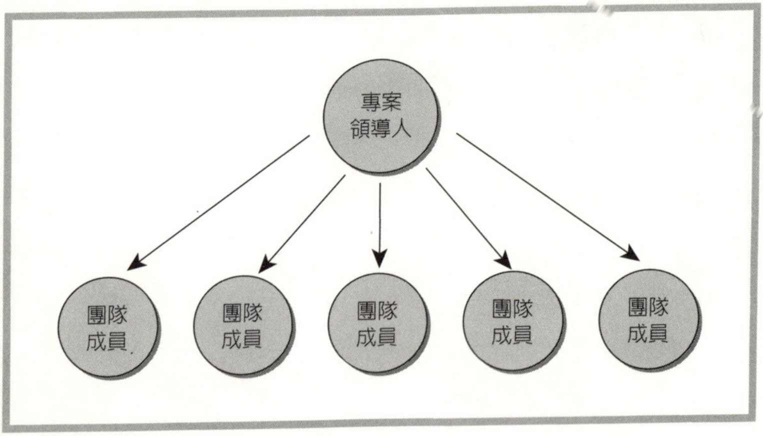

這種指導式專案管理可以節省規劃專案的時間，所以適用於某些情況。可是此法也有一些嚴重的缺點：

- 不管是哪一種專案，完成工作〔也就是所謂的執行階段（execution）〕都是整個專案裡耗時最久的階段。在指導式專案管理，由於困惑、誤解、重做（因為第一次執行失敗而必須重新來過），讓執行階段拖得更久，因此整個專案流程需要較長的時間才能完成。
- 團隊成員對於整體專案，以及他們的工作對於整體專案的重要性都不甚了解。

- 團隊成員不會把結果成敗視為己任，對於專案的熱忱不足。

參與式專案管理

參與式專案管理是比較新的專案管理技術。專案領導人會在專案管理的過程中給多協助，並帶領團隊進行規劃的步驟。團隊在專案領導人的指揮之下，共同監督專案進度直到工作完成為止。團隊成員也可以參與工作的決定，溝通並非侷限於團隊成員和專案領導人之間，而是整個團隊都會進行溝通（參考圖1-3）。

參與式專案管理的優點包括：

- 每個團隊成員都了解自己負責的工作對於整體專案有何重要性。
- 可以激發出更多的構想。
- 當每個人都能夠參與專案時，可以做出更為周全的決定。
- 參與可以激發人們的歸屬感，進而強化他們對於工作的熱忱與責任感。
- 團隊成員通常都士氣高昂。
- 重做的可能性較低。
- 個別成員和整體團隊的工作表現都獲得提昇。

圖1-3 參與式專案管理的溝通風格

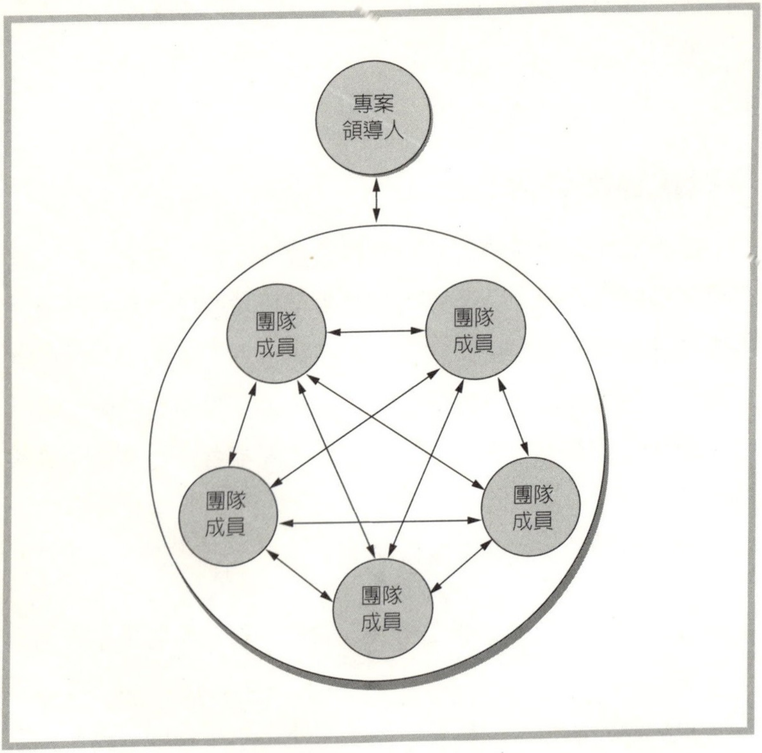

參與式專案管理的結果通常都比較好。本書所討論的CORE專案管理™法，就是當今應用最為普遍的參與式專案管理。

指導式和參與式專案管理法都要靠人方能成功。如果人與人之間不互相合作，那麼一切都是枉然。現在且讓我們探討成功的專案應該具備哪些人物。

專案管理中的角色

在進行專案時，有些人是直接參與，有些人則是對專案的結果造成影響。這種人就叫做利害關係人（stakeholders）。大多數的專案都有下述利害關係人：

- **專案領導人**（Project leader）：專案領導人也就是所謂的專案經理，是領導專案的指揮者。
- **專案團隊成員**（team member）：專案團隊成員會為專案產生結果，也就是所謂的「產出」。他們也參與專案管理的流程。
- **贊助人**（Sponsor）：贊助人是協助管理團隊和專案領導人之間溝通的高層主管。
- **專案顧客**（Project customer）：這是接受專案最後產出的人或是團體。專案根據顧客的需求和要求進行之後，將最後的產出（也就是指最後的結果）交付給專案顧客。
- **資源經理**（Resource managers）：資源經理又稱為部門經理（functional managers），他們通常是提供資源，特別是給參與專案進行的人。

另外可能還有其他的利害關係人，譬如會受到專案產出影響的各部門成員。

在此且讓我們一一深入探討，這些關鍵利害關係人所扮演的角色。

專案領導人的角色

專案領導人也就是專案經理。不過，在參與式專案管理中，專案經理主要是扮演領導者的角色，所以我們將其稱為專案領導人。

專案領導人的角色為：

- 提供專案團隊進行的方向。
- 帶領專案團隊進行專案管理的流程（擬定並執行專案計劃）。
- 讓專案計劃順利通過。
- 發表狀態報告（status report），將專案進行的進度和計劃進行比較。
- 根據要求調整計劃。
- 促進團隊作業的過程。團隊成員透過人際互動的過程會凝聚團隊的向心力。
- 為團隊移除障礙，讓團隊成員可以順利完成專案任務。
- 做為和專案贊助人溝通的主要介面。
- 做為和專案顧客溝通的主要介面。
- 召集、進行團隊會議。
- 發布最後的專案報告。

專案領導人主要的角色，在於帶領專案團隊進行專案管理及促進團隊流程，讓團隊可以順利完成專案。專案領導人必須對整體專案的成功與否負起責任。

專案團隊成員

專案團隊成員對於專案的成敗極為重要。他們扮演的角色包括：

- 提供技術方面的專長。
- 提供想法，協助團隊在期限和預算之內創造高品質的產出。
- 確保自己負責的工作能夠如期完成。
- 將所碰到的狀況向專案團隊報告。
- 參與專案規劃的過程。
- 做為和供應商溝通的介面。
- 應上司要求報告專案進行的狀況。
- 維繫他們對於專案所做的承諾。
- 協助專案順利進行。
- 對其資源經理人提供最新的專案狀態報告。
- 協助團隊，避免作業流程和內容偏離正軌。

在參與式專案管理中，專案團隊成員扮演著積極的角色。他們不單是提供技術專長、創造產出，還協助專案的規劃和監督。專案團隊成員的責任，在於確保自己負責的工作有助整體專案成功。

贊助人的角色

贊助人是某個負責監督專案的高層主管，他會協助確保專案能夠滿足顧客和公司的需求。贊助人有時候也稱為專案捍衛者（champion）。

贊助人的角色包括：

- 選擇專案領導人以展開專案。
- 確保專案的目標符合公司的策略性方向／目標。
- 提供專案整體方向。
- 確保團隊具備成功完成專案所需的資源。
- 獲取資源經理支援專案的承諾。
- 檢討及通過專案計劃。
- 檢討專案狀態報告。
- 與專案領導人檢討專案進度。
- 協助團隊或專案領導人移除他們無力化解的障礙。
- 教導或輔導專案領導人。
- 檢討及通過最後的報告。

贊助人會確保專案領導人具備完成任務所需的資源、訓練、支援，以及合作。贊助人必須對專案領導人的成功負起責任。

若沒有贊助人該怎麼辦？那麼你的上司、專案顧客（如果顧客是在公司內部的話）就得扮演贊助人的角色。贊助人能夠讓專案配合高層主管的需求。如果沒有贊助人就貿然展開專案，會有很大的風險。

專案顧客的角色

專案之所以存在是為了滿足顧客。專案顧客是專案主要成果（也就是所謂「最後產出」）的接受者。顧客必須告訴專案團隊，他們需要及希望何種專案產出，才能確保令人滿意的最後產出。

顧客可能是公司內部的人，也可能來自外界人士。大多數的專案都是為內部顧客所進行的（也就是在公司內部的人），不過最後產出最終可能會經銷給外界顧客，或是由外界顧客購買。

假設你從事的專案是開發一款新的嬰兒心跳監視器。你們的專案顧客可能是公司裡的行銷部門，因為他們得把監視器賣給最終的買方——醫院。在醫院接上這種心跳監視器的病人，則是這款產品的最終使用者（end user，即產品最終的消費者）。

大多數的專案都是為內部顧客進行的，這些內部顧客代表公司外界顧客和最終使用者的需求。不過，有些專案也會直接為外界顧客進行。在這些情況之下，顧客通常會直接付錢購買最終產出。譬如顧問公司為了外界顧客開發客製化軟體的專案，而外界顧客會以固定費率或是根據專案耗費的時間與材料，付款購買專案的產出。

不論是內部或外界的顧客，他們在專案當中所扮演的角色絕對都有相似之處：

- 對專案團隊明確說明他們的需求及要求。
- 檢討及通過專案核准書（charter）。
- 適時參與專案團隊。
- 告知專案領導人環境中任何會影響到專案產出的變化。
- 在必要時，同意對專案進行調整，以便專案得以順利完成。
- 檢討專案的狀態報告。
- 對專案領導人定期提供意見回饋。
- 評估最後產出及專案進度。

內部顧客通常還扮演以下角色：

- 檢討及通過整個專案計劃〔外界顧客通常只檢討計劃的範疇（scope）〕。
- 檢討最後的狀態報告。

如果專案的顧客來自外界，那麼內部必須設有贊助人協助專案進行。此一內部贊助人的工作，即是平衡外界顧客和公司內部的需求。如果專案的顧客來自內部，那麼內部顧客也可以扮演專案贊助人的角色。

資源／部門經理的角色

資源或是部門經理的工作通常是監督專案所需的資源（主要是人）。進行專案的人員必須向資源經理報告，接著接受分派的工作，可能是全職性的投入，不過通常是兼職性質的。對於專案領導人而言，要讓並非自己屬下的人彼此合作，以及爭取他們的承諾是個很大的挑戰。參與式的專案管理方式可讓這方面的挑戰迎刃而解。

資源經理所扮演的角色為：

- 提供專案所需的團隊成員。
- 檢討各個領域的專案計劃，並且予以通過。
- 為代表資源部門的團隊成員提供所需的方向。
- 確定從事專案工作的部門人員適任，具備所需的技術和技巧。
- 確定團隊成員有足夠的時間可以完成專案，就如同專案計劃中的規劃一樣。
- 為專案團隊移除障礙。

如果每個人都各司其職，專案就可以進行得很順利。不過，若要確保每個人確實盡責，主要得靠專案領導人在贊助人的協助之下進行監督。在專案進行當中的每個階段，各有所需的人物。接下來讓我們探討專案管理流程當中的四個階段〔又稱為主要分支（major subdivisions）〕。

專案的四個階段

不論是單純或複雜的專案，也不管專案的規模大小，所有專案團隊必須完成的活動順序（從對專案團隊的委任到專案完成）都是一樣的。這些活動可分為四個階段，各個階段必須進行的活動皆有所不同。這四個階段從開始到結束是循序進行的。

啓動

第一個「啟動」（initiation）階段，是在高層主管團隊選擇要進行的專案之後開始的。

此階段的目的，在於提供專案團隊一個方向，讓他們了解該完成什麼，以及會有哪些限制。第一個階段最後會產生一份「專案核准書」（charter）。負責啟動階段的是贊助人，不過在大多數企業裡，專案核准書多由專案領導人撰寫，然後由贊助人通過（參考表1-2）。

表1-2　啓動階段

階段	工作說明	產出
啓動	● 贊助人對專案領導人就專案提供一個大方向，界定專案的極限、限制，以及優先要務。	專案核准書

規劃

接下來是進行專案的規劃（Planning）階段（參考表1-3）。在規劃階段，專案團隊會擬定一套計劃，說明應該如何進行，以及何時完成工作。規劃是專案當中最重要的階段，因為哪些工作該由誰進行，以及如何確保大家順利合作，都是在這個階段決定的。如果你略過這個規劃階段，任由團隊成員自行從事他們認為重要的事情，那麼將遺漏專案裡許多重要的部分。結果得重新來過，這樣不但所費不貲、浪費時間，而且令人感到氣餒。如果一開始就做好計劃，讓大家都了解整體專案，並且就此達成共識，隨後進行各項工作時會更為順利。

表1-3　規劃階段

階段	工作說明	產出
規劃	● 遴選團隊成員。 ● 界定專案範疇。 ● 界定任何和專案有關的風險，並且擬定如何避免這些風險的辦法。 ● 判斷完成專案需要哪些資源。	專案計劃

規劃階段結束後，會產生一份叫做「專案計劃」的文件；這是一份說明如何執行專案的完整計劃。這份文件必須經過贊助人、顧客，以及資源經理的同意。

執行

在專案計劃獲得通過之後，專案就進入到「執行」（Execution）的階段。執行階段的任務即是完成專案的工作——也就是創造產出。為了確保工作順利進行，團隊必須監督專案的進度，如有必要，則對專案計劃提出建議、進行一些調整。團隊也對利害關係人進行溝通、說明專案進度。執行階段結束時，最後的產出會交付給專案顧客（參考表1-4）。

表1-4　執行階段

階段	工作說明	產出
執行	● 創造產出。 ● 監督專案的進度。 ● 解決問題。 ● 溝通、說明進度。 ● 管理所有計劃裡的變更。	狀態報告 最後產出

終結

在顧客接受最終產出之後，專案就進入「終結」（Close Out）階段（參考表1-5）。在這個階段，顧客會評估自己對專案的滿意度。贊助人和團隊也會進行專案評量。接著團隊會討論從專案當中學到了什麼，並且根據這些心得，對公司建議如何改善整體的專案管理體系。最後發表一份最終的專案狀態報告，並且納入最後的專案報告——也就是所謂的終結報告（close-out report）當中。

表1-5　終結階段

階段	工作說明	產出
終結	● 顧客滿意度評估。 ● 心得評估。	終結報告

當終結報告完成時，專案也就大功告成。不過千萬要記住的是，當專案團隊完成一些重要的工作時，務必要加以慶祝，不光是在終結階段結束時，而是整個專案進行的過程中，凡是完成重要的階段性任務，都應該這麼做。

專案的各個階段可以視為一種流程，請參考圖1-4的流程圖。

專案各階段的進行

專案各階段的進行是循序漸進的。如果在啟動階段表現不佳，那麼接下來的三個階段都將難以進行；如果規劃做得很糟糕，那麼執行和終結階段都會受到影響；如果你在執行階段不好好做，那麼整個專案都會因此而失敗。

每個階段最後都得經過核准才能進入下一個階段，以免過

圖1-4 專案各階段的流程圖

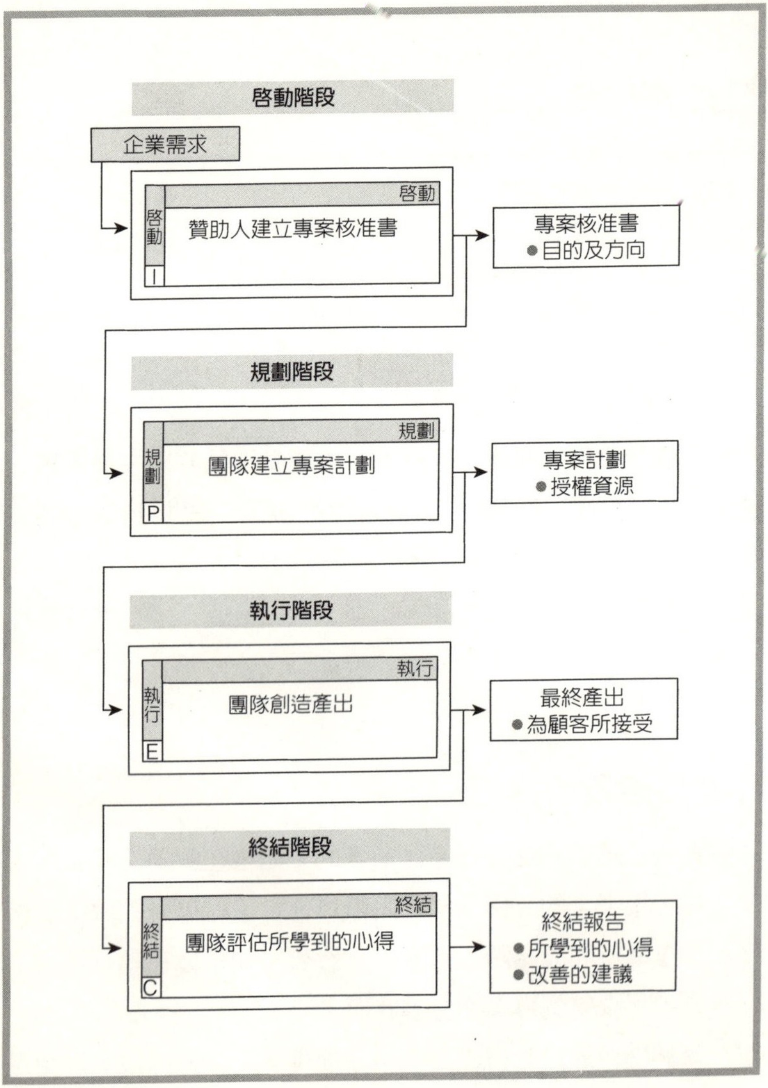

早進入。此一核准步驟稱為「階段門檻」(phase gates)(參考表1-6)。

表1-6　階段門檻

階段	階段門檻
啟動	專案核准書
規劃	核准專案計劃
執行	核准最終產出
終結	核准終結報告

每個階段最後都得經過核准，這種做法的好處在於，可以讓專案的成本降至最低，因為當你從啟動到規劃到執行的時候，專案的支出會呈現級數增加。當專案進入終結階段時，成本則會大幅下降。若你能按部就班，先確定所有的事情都辦得妥當之後才進入下一個階段，不但可以把成本壓到最低程度，還可以避免浪費時間(參考圖1-5)。

只要是需要耗費大量資源的地方(不管是實際的金錢或人員的時間)，都最好透過「進行／不進行」(go/no-go)的決定門檻(譬如階段門檻)，以決定是否繼續進行。如果是中長期的專案(超過六個月)，那麼最好在執行階段也以「進行／不進行」的方式，來確定你所做的事情都正確無誤，以及顧客和公司依然需要你的產出。這些「進行／不進行」的決定點就叫做「步驟門檻」(stage gates)，應該由贊助人設定。

圖1-5 支出與各階段的圖示

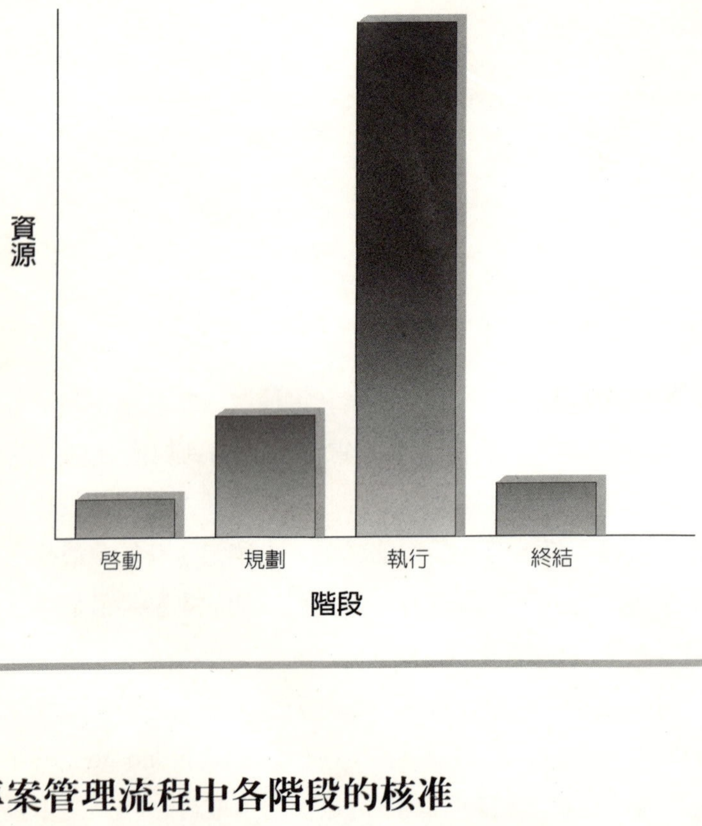

專案管理流程中各階段的核准

企業的專案管理體系應納入各階段的核准（也就是通過各步驟門檻），而這些門檻應由管理階層設定及維繫。以下是針對專案管理流程當中各階段核准的建議（表1-7）。

表1-7 核准門檻

專案管理 流程要素	贊助人	顧客*	資源經理
專案核准書	撰寫與核准	核准	核准
專案計劃	核准	核准	核准
執行步驟門檻	核准	核准	選擇性核准
變更的要求	核准	核准	核准受到影響的領域
終結報告	核准	接收	接收

*如果是外界顧客，那麼你需要判斷哪份文件該由他／她審閱、核准。

專案的成功

當顧客和公司的需求皆獲得滿足，而且公司也從專案的結果學到心得，那麼專案就算是圓滿成功。當你提供的產出能夠滿足顧客的需求，甚至超越他們的期望時，顧客就會滿意。產出可能是某個產品（有時候是實體的，有時則是無形的）、服務、流程、計劃，或是上述的綜合。

如果產出超過顧客的期望，顧客自然會感到高興；如果無法達到他們的期望，他們則會覺得失望不滿（參考表1-8）。

期望是可以管理的。有個好辦法就是，不要對最後的結果有太多的承諾。如果顧客原本的期望不高，後來產出超出了他們的期望，顧客自然會很高興。反之，如果他們抱持相當高的期望，而結果又沒有達到，那麼他們會覺得失望。在這兩種情

表1-8 顧客的期望

顧客的反應	產出與期望
高興	最終產出超過期望
滿意	最終產出符合期望
不滿意	最終產出未能達到期望

況下，你所提供的產出其實是一樣的；唯一不一樣的，是顧客腦袋裡對於產出的想法——也就是他們的期望。

衡量專案成功與否的第二個標準，則是看你有沒有滿足公司的需求。公司的需求可能是獲利或是培養某種新技術領域的能力。公司的需求是由贊助人代表，專案核准書當中應該明確列舉出來。

衡量專案成功與否的第三個方法，是端視你、團隊，以及公司是否從專案的成果當中學到一些東西，依循成功經驗，避免以往犯過的錯誤。整個專案都應該有這樣的學習歷程，而這也是終結階段的主要目的。

探討過基本概念之後，接下來我們可以深入說明專案的第一個階段：專案啟動。

第2章

專案啟動

在管理階層決定授權進行專案之後，專案的第一個階段——「啟動」就隨之展開。啟動階段的目標在於設定專案的方向——專案預期何時完成，以及界定專案的限制。專案的方向和限制的界定都是由贊助人決定，因為贊助人是必須確保專案達成公司策略目標，以及專案利大於弊的高層主管。

列舉專案方向及限制的文件稱為「專案核准書」，這份文件是由贊助人負責。不過，許多贊助人並不知道該如何撰寫這份文件，有的則是宣稱沒有時間。結果很有可能是你撰寫專案核准書，然後交給贊助人審閱、核准（此外，如果可能的話，專案核准書最好也經過專案顧客的審核）。

專案核准書應該回答以下幾個基本的問題：專案應該有何成果？對象是誰？期限？需在多少的預算之內完成？

我們將以XYZ公司為例，以設計、安裝履約系統，說明如何完成專案核准書。目前XYZ的履約流程、接單、包裝、交貨、補貨都是由外界承包商進行。公司高層管理團隊決定要由內部處理這個流程。肯恩是這個專案的贊助人，將負責履約系統的啟用及運作。

如果你用一個表格或樣本來撰寫專案核准書會比較容易。（本書提供的表格可以在作者的網站上購買：www.projectresults.com）。讓我們逐一討論專案核准書裡的各個單元。

如何撰寫範疇的單元

專案核准書的第一個部分是「範疇」，這個部分會界定為誰該完成哪些任務。

範疇單元的第一個部分要輸入的是專案名稱。專案名稱應該簡短、順口；因為你會一再提及這個名稱。專案名稱應該反映出專案的主要目標（參考表2-1）。

表2-1　專案核准書表格——範疇單元

主題	說明
專案名稱	專案的名稱。名稱應該要能夠反映專案的主要目標。

接下來是說明專案的企業個案（Business Case）。在這個

部分要說明的是，專案可以滿足企業哪些需求？對於達成企業的策略目標有何幫助？公司可以獲得何種改善？進行這項專案的結果可以讓公司實現哪些好處？（參考表2-2）。

表2-2 專案核准書表格——範疇單元

主題	說明
企業個案	說明企業進行該項專案的理由。這個部分說明專案對於公司的重要性。

在專案目標（objectives）部分，說明專案的目的。說明應該簡潔，或是重點式地列舉專案應該達成的目標。

此處應注意的是，目標的陳述只能列舉你願意負責的項目。至於公司進行該項專案能獲得哪些好處，則應該說明在企業個案，而非專案目標。贊助人必須負責確定專案能夠滿足公司的需求，而專案領導人則是負責確定專案能夠達成目標。專案對於公司的好處並不屬於專案的範疇，所以不應該列在目標之中（參考表2-3）。

表2-3 專案核准書表格——範疇單元

主題	說明
專案目標	陳述目標。專案團隊必須對專案目標的達成負責。

好比說，XYZ公司之所以想把履約流程收回，改由公司內部進行，就是為了節省長期的成本。這是公司進行該項專案的理由。因此，這應該在專案目標的單元陳述，因為專案團隊在終結階段結束之後就會解散，無法對專案的長期成果負責。此外，公司裡負責履約流程、長期節省經費的人應該是流程經理肯恩，而不是專案團隊。這個專案的目標應該是啟用一項符合成本效益的履約流程，也就是從接單一直進行到付款為止的一貫流程。

接下來是界定專案的最終產出（final deliverable）。最終產出可能是一種產品、服務、流程、計劃，也可能是上述的綜合。最終產出是專案執行階段最後交付給專案顧客的成果。這也是公司之所以進行這項專案的主要原因，因為專案存在的目的就是為了滿足顧客；最終產出達到、或是超過顧客的期望時，顧客就會覺得滿意（參考表2-4）。

表2-4　專案核准書表格——範疇單元

主題	說明
最終產出	為專案顧客創造的最終產品、服務、流程或計劃。

如果最終產出不只一個，那就逐一界定清楚。比方說，如果你生產一種產品，你可能需要設計生產的流程。或是說，如果你生產的是一種服務，那麼你可能需要某種輔助的產品（假

使你所提供的服務是訓練計劃，那麼所需的產品就是研討會的講義）。專案核准書中如果列舉許多最終產出，那麼這可能是範疇過於廣泛的跡象，就值得注意。盡量把產出的數量限制在一、兩個，這樣一來，專案的範疇才能夠維持在可以管理的規模（參考表2-5）。

表2-5　專案核准書表格——範疇單元

最終產出類型	說明
產品	實質或無形的商品。
流程	生產產品的一連串步驟。
服務	為別人做事的行為。 服務是由一套流程支援，但是服務本身就像教書一樣，被創造出來的那一刻同時也交付出去。
計劃	這是說明如何完成某件事情，以及完成之後會是什麼樣子的文件。

專案顧客是指接受最終產出的個人或團體。如果你是設計、執行某種商業流程，那麼你的專案顧客就應該是企業流程經理，他會在你完成專案後負責這套商業流程的運作。如果你開發的是一種產品或服務，那麼你的顧客可能是這款產品或服務的銷售人員。問問自己這個問題，「最終產出會交給誰？」所得到的答案就是你的專案顧客（參考表2-6）。

要注意的是，千萬別將專案顧客與最終使用者搞混了。最終使用者是指最終使用產出的個人或團體；專案顧客則是指實

表2-6　專案核准書表格——範疇單元

主題	說明
專案顧客	接收專案最終產出的團體。

際接收專案最終產出的個人或團體。還是搞不清楚嗎？別擔心。我們會在第五章更深入討論專案顧客。

接下來是記錄顧客希望最終產出具備什麼樣的特質。他／她對於最終產出的表現（或功能）、特色（譬如產品的附加特色）有什麼樣的要求？這些就是顧客的要求，會在這個階段廣泛地加以界定。主要的功能和特色不應該超過六個，因為這時候你的了解通常還不深。在專案進行規劃的時候，你還會回頭補充。目前只需從顧客的角度，概略說明他／她的要求即可。最好的辦法就是直接請問顧客，請他們列舉出需求清單（參考表2-7）。

表2-7　專案核准書表格——範疇單元

主題	說明
顧客要求	最終產出的具體特色或功能。

範疇單元最後的部分是顧客需求。這個部分是說明顧客試圖藉由最後產出，來解決的問題。顧客需要的其實不是產出，

而是解決問題的方案。譬如，你需要的其實不是車子，而是一種運輸的辦法，以及／或是一種身分的象徵。而汽車不過是讓你的需求獲得滿足的方法而已。

在顧客需求的部分，你必須界定公司為顧客採取這項專案的真正理由；也就是說，顧客藉由最後產出可以解決什麼樣的問題（這個問題在你完成專案之後不見得就此消失，但是應該會因為對產出的運用而獲得抒解）。就以履約流程的例子來說，顧客就是履約流程經理（肯恩），而需求或問題則是：由外界承包商提供訓練資料的做法並不可靠，而且也不正確。掌握需求之後，你就可以不斷地進行檢討，了解你所做的事情對於滿足顧客需求有無幫助。如果答案是否定的，那麼你就知道你進行的方向有誤。掌握需求是讓專案維持在正軌上的指南針之一（參考表2-8）。

表2-8　專案核准書表格——範疇單元

主題	說明
顧客需求	最終產出有助顧客解決的問題。

不妨請顧客坐下來，問他／她希望最終產出有助解決哪個問題。你對需求的了解愈深，最後滿足顧客的可能性就愈高。

最後是列舉專案的利害關係人（參考表2-9）。利害關係人是指會受到專案影響的人或團體，這可能包括了主要的供應

表2-9　專案核准書表格——範疇單元

主題	說明
利害關係人	除了專案顧客、贊助人，或是團隊成員之外，任何會受到專案影響的人。

商、資源經理，或是任何可能受到專案產出影響的團體（好比說工會）。顧客、贊助人，以及團隊成員也都是利害關係人，但是屬於專案核准書裡其他的單元。

履約專案的範疇單元

範疇單元應該廣泛說明「為什麼」及「什麼」的問題（參考表2-10）。到此就告一段落，接下來要說明的是專案運作的限制。這個部分是在資源的單元加以說明。

如何撰寫資源的單元

第二個單元是「資源」（Resources），也就是要回答「誰」、「什麼時候」、「多少」等問題。第一個問題「誰」，是指專案團隊有哪些人物。

如果專案核准書是由你所撰寫，那麼現在就是好好判斷專案團隊組成人物的大好時機（參考表2-11）。先大致瀏覽專案核

表2-10 履約專案中專案核准書的範疇單元

主題	說明
專案名稱	訂單／履約。
企業個案	這項業務預期每年持續以25%的速度成長。經過評估之後發現，若要維持相同的成長速度，我們必須將核心能力收回，由公司內部提供履約服務。這樣一來有助降低整體成本，更重要的是，還能夠提昇顧客的滿意度。
專案目標	設計及啓用具成本效益的履約流程，從接單一直到付款為止。
最終產出	安頓接單／履約流程。
專案顧客	商業流程負責人（owner）——肯恩。
顧客要求	1. 可以處理顧客訂單變化的履約流程。 2. 和會計系統整合。 3. 具備追蹤庫存的功能。 4. 訂單的正確度。
顧客需求	訓練材料的訂單會隨著不同的計畫及顧客而有所不同。因此，不同於書籍的履約，每筆訂單的差異都很大。外界承包商無法處理這樣的差異性，而且我們業務的前置時間很短，他們也應付不來。目前顧客滿意度都是靠內部人員付出極大的心血才得以維繫的。
利害關係人	會計、業務。

准書裡的範疇單元，然後想想，你需要什麼樣的技能才能創造顧客要求的最終產出？在專案團隊裡，你想要什麼樣的利害關係人？〔請參考本章最後面的「組織專案團隊」（Assembling the Team）單元。〕如果專案核准書是由贊助人擬定，那麼贊助人

表2-11　專案核准書表格——資源單元

主題	說明
指派團隊成員	被派到專案團隊的人。

可以指派團隊成員，也可以任命專案領導人來挑選團隊成員。

接下來是界定專案的限制。首先，最終產出的截止日期是什麼時候？如果沒有明確的截止日期，那麼是否希望在哪一段時期完成最終產出？如果也沒有，那就不需明訂截止日期（這種情況很少見。通常都會有個截止日期，而且期限往往定得不切實際）。專案團隊還有沒有其他應該達到的期限？這個部分還得附帶說明每個期限設定的理由，以協助團隊成員了解為何設定這些截止日期。

截止日期這個單元不是用來擬定專案進度表的。這種做法屬於微觀管理（micromanagement），對於團隊並沒有好處，也不會提昇團隊準時完成任務的可能性。在規劃的過程當中，團隊會擬定他們可以接受的進度表，然後贊助人與顧客才會進行審閱、通過（參考表2-12）。

表2-12　專案核准書表——資源單元

主題	說明
截止時間	交付最終產出的日期，以及設定這項期限的理由。

人們可以花在專案上的時間有無限制？內部人員花在專案上的時間稱為人力時間（staff-effort time），也可以直呼人力（staff-effort）。有些公司決定人員花在專案上的時間不得超過上班時間的百分之X；或是說專案不應該要求超過Y個小時的總人力。如果你有任何型態的人力時間限制，就在此處列舉。此外，也請列舉設定這些上限的理由（參考表2-13）。

表2-13　專案核准書表格——資源單元

主題	說明
人力上限	內部投入專案的人力上限，以及設定這個上限的理由。

錢呢？可以用在專案的金額上限是多少？就算你們沒有一套預算，也要試著了解公司撥出多少金額給這個專案。在許多公司裡，花錢的是資源領域的經理，而不是專案經理。若是如此，請列舉出每個部門可以花在這個專案上的金額是多少，這對規劃階段的專案支出計劃很重要，同時也要列舉每個支出上限的理由（參考表2-14）。

表2-14　專案核准書表格——資源單元

主題	說明
支出上限	撥給專案運用的金額上限，以及這個上限的理由。

你們的資源還有沒有其他限制？譬如不得僱用顧問，或是只能利用現有的設備。請列舉出贊助人對專案所設的限制（表2-15）。

表2-15 專案核准書表格——資源單元

主題	說明
組織限制	除了必須遵守截止期限、人力，以及支出的上限之外，還有哪些限制。

最後，團隊必須了解專案的優先要務（priorities）為何（請參考表2-16）。最重要的事情是什麼？是範疇、進度表，還是成本？這三個變數彼此相依。因為，在規劃階段的決策需要在這三者之間有所取捨，所以必須了解這三個變數的重要性高低。

表2-16 專案核准書表格——資源單元

主題	說明
專案優先要務	範疇、進度表，以及成本的排序。

這就是所謂的三限制（triple constraint）（參考圖2-1）。這三大要素當中，若增加或縮小任何一項，都會對另外兩項造成

圖2-1 三限制

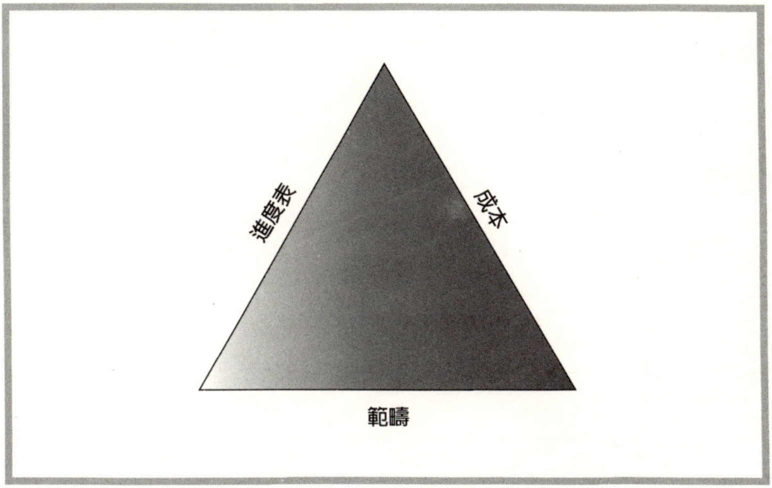

影響。譬如，如果我們要對履約中心增加更多功能，譬如自動化包裝，那麼我們就需要加長時間軸（timeline）和增加預算。如果要縮短進度，則通常可以透過增加人力以及／或是預算，也可以利用減少專案的範疇來達成。

團隊成員需要知道贊助人對於範疇、進度表，以及成本這三項變數的排序，才能做出最好的選擇。確定重要順序排列的辦法之一就是直接問贊助人，「如果你要在超越顧客期望、提前完成專案，或是在預算之內完成這三個選擇當中有所取捨，你第一個選擇是什麼？第二？最後的選擇呢？」

把這三個變數的重要性依序排列。如果某個變數的重要性遠高於另外兩項，那麼就在這個變數旁邊加上星號，並說明如此排列的理由。在以下這個例子，優先要務依序為進度、範疇，以及成本。也就是說，提早完成專案是最重要的，範疇次之，然後降低成本是第三位。

範例：專案的資源單元

讓我們看看履約專案這個例子裡，專案核准書的資源單元（參考表2-17）。

表2-17　履約專案中，專案核准書的資源單元

主題	說明
團隊任務	專案領導人卡洛琳。
截止日期	十二月三十一日。
人力上限	不得超過專案團隊成員整體人力的25%，以及專案領導人50%的時間（團隊成員必須能夠持續自己固定的職責）。
支出上限	2萬5,000美元。
組織限制	採用現有的電腦硬體。
專案優先要務	1. 進度表（和外界履約服務承包商的合約於十二月三十一日到期）。 2. 範疇。 3. 成本。

專案核准書為專案的其餘部分設定基調，而且這也是界定專案所需的第一個步驟。所以這可能是在專案管理流程當中最

困難的任務之一。

如果你在為贊助人撰寫專案核准書，請他／她給你一些建議，另外也要請顧客提供一些意見。

專案核准書的通過

和你的贊助人一同檢討專案核准書的草稿，並且和顧客一起審閱範疇的單元，確定他／她對於專案產出的定義感到滿意。此外，也要和顧客一同審閱截止日期。如果顧客是付錢的人，則與其共同審閱人力和支出上限。最後請顧客簽署專案核准書。

如果顧客要求對專案核准書進行修改，那麼就和贊助人一起審閱這些調整的部分。當你和贊助人彼此都對這份文件感到滿意時，雙方都要予以簽署，並且在適當的時候請顧客共同簽署。

專案核准書會為規劃進行的方式奠定基礎，在專案核准書獲得通過之後，專案就可以進入規劃階段。許多專案團隊一開始就急著展開規劃，可是在投入好幾天、甚至好幾個禮拜規劃之後，才發現原來規劃錯誤。各位可別犯了這樣的錯誤。一開始花點時間擬定專案核准書，這樣一來可以節省許多時間，以免事後後悔。

在你們開始進行規劃之前，請先列舉各種議題及心得清單。

議題清單

在規劃階段的第一個工具就是議題清單（issues list）。在這張清單裡，列舉了各種需要解決、或是採取行動，但是專案進度表裡無法完成的議題。你們會在規劃階段後面開始擬定進度表（從現在開始，我們把議題和行動都統一稱為「議題」）。議題清單是由專案領導人擬定、管理（參考圖2-2）。

圖2-2 議題清單

議題清單						
專案名稱：				專案贊助人：		
議題編號	議題說明	需要解決方案的人	負責解決的人	需要解決方案的日期	解決日期	如何解決？
1						
2						
3						
4						
5						

第一欄是議題的編號。每個議題都應該有個單獨的序號。如果你以試算表追蹤各項議題的狀況，就可用代碼來表示這些議題。

第二欄位簡短說明各項議題或是所需採取的行動。需要解決的問題到底是什麼？

接下來的問題是，需要解決問題的人是誰？這是誰的問題？然後把負責解決這個議題的人的姓名記錄下來。他／她可能獨自解決這個議題，也可能不是獨立完成，總之他／她必須解決這個議題（因為我們只能要求專案團隊成員負責，所以負責解決這個議題的人必須也是成員之一）。接下來，這個議題何時解決？設定一個日期。

最後兩個欄位是在議題獲得解決之後填入的。

妥善運用議題清單

議題清單是由專案領導人在每次專案團隊會議之後更新。這不是用來代替專案進度表，而是在規劃階段於擬定進度表之前，追蹤必須完成的規劃工作。在執行階段，重要性不足以放在進度表上的工作事項也是以此進行追蹤。至於必須在執行階段完成的產出或任務——也就是締造最終產出的實質工作，則不應該以議題清單追蹤；這些任務應該是放在進度表裡頭的。

議題清單的監督

每次團隊會議都應該檢討、更新議題清單。和團隊成員檢討各項議題，詢問各項議題解決的狀況。這些議題是否獲得解決？如果是的話，是怎麼解決的？何時解決？如果沒有獲得解決，需要如何才能解決，以及什麼時候可以完成？在理想的情況下，如果負責該項議題的人員知道無法解決，或是需要協助才能順利解決時，就應該立刻知會專案領導人；這樣一來，專案領導人才能主動採取行動，以免這項議題進度延宕。倘若專案團隊無法自行解決議題的話，可以適時尋求贊助人的協助。

在專案團隊會議結束之前，對所有應該在下次團隊會議之前解決的議題進行檢討，讓大家都能了解哪些議題尚待解決。

心得清單

除了議題清單之外，還可以建立心得清單，以便掌握專案進行期間所吸收到的心得。在終結階段會對這些心得進行檢討，同時進行總結。不過，建議在專案進行期間就可以記錄心得清單，以免遺漏過程當中重要的心得紀錄。

圖2-3是一份心得清單的範例。

圖2-3 心得清單

心得清單			
專案名稱：		專案領導人：	
心得編號	事件說明	事件發生日期	心得說明
1			
2			
3			
4			

組織專案團隊

當你通過專案核准書，也已經擬定議題和心得清單之後，就可以召集初步的專案團隊。之所以稱作初步的專案團隊，是因為你要完成規劃之後，才能完全確定專案的執行需要哪些團隊成員。現在你先組織初步的團隊成員，以因應規劃階段的需求，希望在執行階段時還是原班人馬。一開始時請花些時間考慮團隊需要哪些人才，因為專案進行到一半時最好不要更換團隊成員。

就算初步團隊是由贊助人召集的，還是必須進行下述分析，了解需要填補哪些重要的空缺，然後才能進入規劃的階段。

要評估的第一件事，就是專案規模的大小，因為這攸關團隊成員的人數（參考表2-18）。

表2-18　專案規模大小

專案規模	說明
小型專案	需要十名或是十名以下的成員來完成專案任務。
大型專案	需要十名以上的團隊成員才能完成專案。

小型專案

小型專案是指需要十名或不到十名團隊成員就可以完成的

專案。換句話說，這些小型專案所需的成員人數相對較少，所有從事相關工作的人都可以參與主要的專案團隊。對於小型專案而言，選擇專案團隊成員最重要的考量應該是他們的技能、知識，以及和專案工作相關的經驗。

為了選出最理想的團隊成員，不妨寫一份清單，列舉完成專案最終產出所需的主要資源領域。然後去找各個資源經理，請他／她協助你評估，完成專案需要哪些類型的技能，資源經理可以幫你找到具備這些技能的人才。相對的，如果你指名道姓、直接向經理要人，可能會引起排斥。如果能先表明自己需要哪些類型的人才，資源經理通常會比較願意配合。

接下來是檢討專案核准書的利害關係人名單，藉此了解所有主要的利害關係人領域在團隊當中是否都有適當的代表。利害關係人是會受到專案影響的人或團體，他們都希望對於專案進行的方式能夠有些影響力。最好從一開始就讓這些人參與，這是因為：

- 能夠將他們的疑慮及點子納入專案流程的考量當中。
- 他們對於專案的結果也可以有所貢獻。
- 透過對專案的參與，他們會了解到決策背後的考量，比較容易接受這些決定。
- 他們會支持專案，而不是暗中詆毀。

如果是牽涉到施行（implementation）的專案，利害關係人的參與就格外重要。許多這類專案之所以會功敗垂成，就是因為會受到施行影響的人從中阻撓。就拿履約的例子來說，我們會要求商業流程經理肯恩參與團隊，是因為在設計、啟用這套履約中心之後，他得負責履約中心的運作。

大型專案

如果你們從事的是大型專案（團隊人數在十個人以上的專案），那麼就必須將主要的專案分成數個分支專案（subprojects）。分支專案是指主要專案的分支。在大型專案當中，每個分支專案各有一組人馬，由分支專案的領導人負責監督。分支專案的領導人就如同專案領導人的角色，只不過他／她帶領的是分支專案的團隊，而不是主要專案（參考圖2-4）。

之所以將主要專案分成分支專案的道理在於，當專案團隊成員人數超過十個人的時候，就難以有效合作。這時候最好把團隊分成分支團隊或分支專案，這樣一來，每個團隊都具備可管理的規模。在大型專案裡，主要專案團隊之下的分支專案各有其領導人。他們各自帶領分支專案團隊（如果他們需要協助才能完成工作），團隊成員會實際投入工作，創造分支專案的產出。將這些分支專案的產出整合起來之後，必須是主要專案的最終產出。分支專案領導人的任務之一，就是確保所有分支專案的產出都夠滿足主要專案的需求。

因此，在大型專案當中，主要的專案團隊由各個分支專案的團隊領導人所組成，他們通常是代表主要的利害關係人團體

圖2-4 大型專案及分支專案

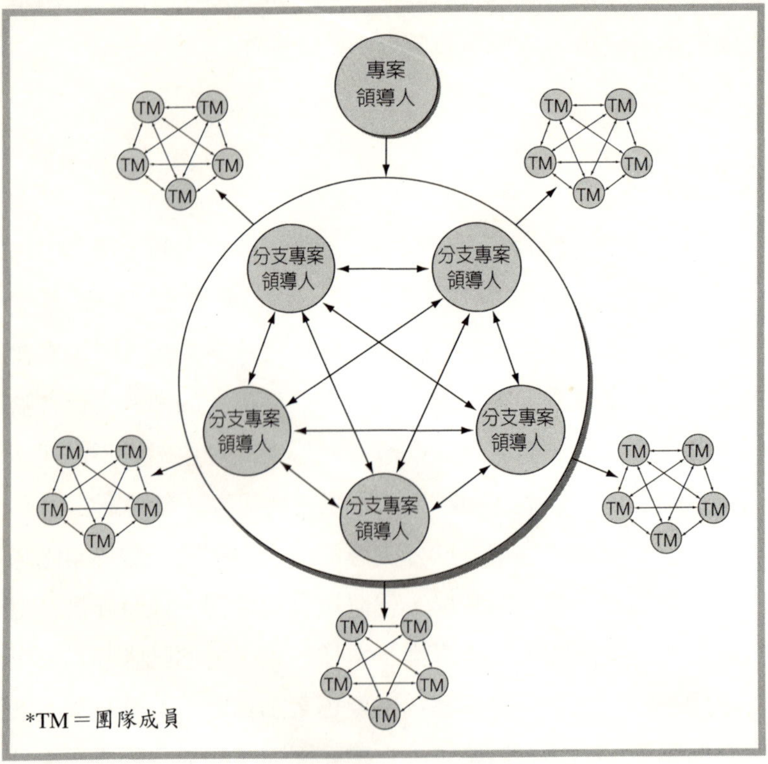

（通常來自不同的資源功能）。請針對你們的利害關係人領域進行檢討，以了解團隊裡需要哪些人物。

以下是選擇分支專案領導人的幾項原則：

- 分支專案領導人必須具備的技能和專案領導人是一樣的。分支專案領導人通常是負責訓練的專案領導人。

- 他們在自己的資源領域應該享有決策權。
- 他們對於利害關係人的領域必須具有代表性——代表利害關係人的利益，但同時也能和專案的利益相互平衡。
- 他們應該擅長對利害關係人推銷專案。讓利害關係人接受專案團隊的決定，是他們的工作。

產出是在分支專案層次所創造出來的，因此這也是需要工作技能的地方。分支專案領導人可以為自己的團隊進行技能評估。

一旦組成初步的團隊之後，就可以召集人馬，展開專案。

內容與流程查核

在展開專案之前，最好先進行內容和流程的查核，以免有所遺漏。

- ❑ 你和你的贊助人可曾擬定專案核准書的草稿，完整記錄對於專案的期望和限制？
- ❑ 在專案核准書的範疇單元裡，你可曾徵詢顧客的意見？
- ❑ 當專案核准書完成之後，你有沒有請贊助人和顧客簽署？
- ❑ 你有沒有擬定議題清單？
- ❑ 你有沒有擬定心得清單？
- ❑ 你有沒有組成初步團隊，有效地擬定專案計劃？

第3章

領導專案團隊

各位請務必記住，專案領導人無法獨力完成專案；大多數的專案都需要各種不同的技能、經驗，以及專長，才能順利為顧客締造產出。也就是說，專案需要一組人馬，這些人各有不同的貢獻，而且每個人的工作都是彼此相依。透過專案團隊成員之間的互動，資訊、想法和知識之類的「原料」會進行整合，進而轉變為符合專案目標的產出。

團隊成立之後，人們會一起共事，就像一個單位般地運作。以下介紹幾點有關成立團隊的原則。

原則一

人們對於參與創造的事物，會將其視為己任。當我們為了某個流程投入時間、精力，全力以赴時，就會對這個流程視為己出，並為其成敗負起責任。誠如梅格・惠利（Meg Wheatley）在《領導與新科學》（*Leadership and the New Science: Discovering Order in a Chaotic World*）一書當中所說的，「在我這個領域組織行為學裡，有條經過事實考驗的金科玉律是：『人們會全力支持自己創造的事物。』」

這種視為己任的感覺會讓人覺得命運掌握在自己手上，這和聽命於人的感覺有很大的不同。這種自決感能夠激勵人心，聽命於人則不會有這種效果。

當團隊成員共同合作、擬定專案計劃，以及監督、控制專案進度時，他們不光是注重自己的工作，還對整體專案的成敗視為己任。這樣一來，專案領導人可以和團隊成員分擔責任。而且，當全體團隊成員都將專案視為己任時，大家會有一種同舟共濟的感覺，而這也正是建立團隊的基石。

原則二

當團隊成員充分了解專案時，會為了專案的成功更加全力以赴。這裡所說的「了解」，是說了解自己需要付出些什麼，以及自己的工作對整體專案有何影響；也就是說吸收資訊及知識，讓這成為你的一部分。

當團隊成員了解專案時——專案進行的原因、他們應該做些什麼、他們所做的事情會對別人產生什麼影響，以及在整體專案當中扮演什麼樣的角色——不光是個人，整體團隊的效能都能獲得提昇。而且出於對專案的了解，他們全心全意的投入，鬥志也更為高昂。

相對的，如果專案團隊的個別成員只了解自己負責的部分，那麼就只會做對自己最有利的事情，但是對於整體專案而言卻不見得是最好的抉擇。這樣一來，可能在無意當中對其他團隊成員造成困擾。譬如，假設你參加的專案團隊負責公司推出某項熱門新產品的慶祝活動。你負責食物的部分，認為供應餐盒對你最為方便。可是負責清掃的分支專案團隊卻不知道你準備的是餐盒，而不是自助餐。因此沒有準備足夠的垃圾袋來裝垃圾，結果現場的景象自然不會好看。

當大家都了解整個專案時，團隊成員之間產生誤會的可能性就能夠降到最低。讓團隊參與專案管理，是促進大家了解專案最好的辦法；團隊參與（team participation）有助於激發捨我其誰的氣概、增進大家對於專案的了解，而且有助於建立團隊。團隊參與不等同於團隊合作。團隊合作（team building）是一種活動（或是多項活動），其目的在於促進大家彼此之間的了解和互相信任；這些活動對於增進所需完成任務的理解通常沒有什麼關係。所以說，當團隊合作的活動結束，大家回到各自的工作崗位之後，又會爆發同樣的工作衝突。千萬不要犯了取團隊合作而捨團隊參與的錯誤。如果不讓團隊參與專案管理，將無法建立有效的團隊，團隊成員無從了解整個專案，自然也不會把專案的成敗視為己任。真正重要的不是表面的團隊合作活動，而是讓團隊成員實際參與專案的決策。

團隊參與既然如此有效，大家為什麼不紛紛起而效尤？首先，很多人宣稱沒有時間這麼做。他們認為，由專案經理決定該做些什麼，然後把任務指派給團隊成員的做法既簡單又快速。在規劃階段，團隊參與的做法的確需要比較多的時間；可是在專案的各個階段當中，最耗費時間、資源的並不是規劃，而是執行，如果在規劃階段不讓團隊成員參與，進入執行階段之後反而會浪費更多的時間。

另外一個反對團隊參與的理由，則是專案領導人擔心喪失對專案的控制權。他們擔心團隊成員做出錯誤的決定，而結果卻要由他／她一人來扛。領導人的確得對專案結果負責；不過，團隊參與卻是達成最理想成果的途徑。事實一再驗證，一群人所做出的決定，整體而言會比個人所做的決定要好。大多數的專案都相當複雜，專案領導人無法了解所有涉及的技術領域。而且，專案團隊裡本有各個領域的專家，如果專案領導人試圖凡事一把抓，不過是浪費時間和資源而已。何不讓他們參與呢？

專案領導人擔心會喪失控制權，可是團隊參與的做法不過是讓他們對內容的控制轉為對流程的控制。專案領導人控制專案管理的流程，讓團隊成員可以依循。他／她提供團隊所需的工具和技術，協助他們做出好的決定。這樣一來，專案領導人可以確保理想的成果。如果專案的所有決定、規劃都要自己一手掌握，固然能感到凡事似乎都在控制之中，可是通常無法產生最好的結果。讓團隊成員參與，協助擬定專案計劃，而不是試圖自己一手掌握，然後再對團隊成員推銷你的計劃；這樣的做法不但比較快速，而且擬定的計劃會更為精準。由專案領導人在真空狀態下自行擬定的計劃難免會有瑕疵。你最好放棄對規劃和監督決策的掌控，提供一套好的流程讓團隊成員有所依循，以便做出正確的決定。身為專案領導人，你當然可以保留一些決策權，這是你的特權。只是說你得考慮到對專案，以及對團隊最為有利的情況下才這麼做。

原則三

當人們覺得自己從事的工作有意義時，才會受到啟發。為生命創造意義是人性的基本需求。我們都希望所從事的活動能夠滿足這種追求意義的需求。所以說，對於專案團隊成員而言，專案也必須對他們有意義才行。

專案必須配合公司的策略性目標，專案團隊才會覺得這項專案任務有意義。他們必須知道高層主管支持這項專案，而且這項專案的成果對公司而言很重要。

人們希望自己所從事的工作攸關整體專案的成敗。雖然不管工作本身是否重要，他們都照樣能夠拿到薪水；可是他們不想浪費時間在盲目的工作上，而是希望從事一些真正具有影響力的任務。

團隊成員在參與專案管理的流程時，會從界定產出、指派職責、判斷各項產出之間的相依關係等工作當中找到意義。如果公司需要這項專案，那麼團隊成員對專案的了解愈深，就會覺得愈有意義。不過如果公司不需要這項專案，那你就麻煩大了，因為這種專案最終不會帶來什麼改變，自然也無法激發人們的熱忱。如果你所負責的專案不過是某個主管的玩物，大家都不在乎，也不願意付出，那麼就無法凝聚團隊的向心力。當人們覺得任務沒有意義的時候，大多數都不會受到鼓舞。

原則四

運用以團隊做為基礎的工具，來進行規劃、監督、激發想法、決策，以及化解衝突，以便專案團隊做出好的決定，並且迅速達成共識。

以團隊為基礎的工具可以讓整個專案團隊參與手邊的流程，不論是規劃、決策、腦力激盪，還是化解衝突，這些工具提供一種有結構的方法，讓全體團隊成員可以貢獻，並且憑著共識做出決定。共識並不是指每個人都可以依自己最喜歡的方式做事，而是說大家都可以接受最後做出的決定，但是不見得每個人都能夠認同。

其實，只要開口問就可以知道大家是否都有共識。問問每一個人是否都能接受這個決定，如果有人表示沒辦法，就問他要怎麼做才能接受？看看是否有辦法可以妥協，讓每個人都能同意。有時候實在是無法達成共識；有時候你得自己做主，不過，最好在大家實在無法達成共識的情況下才選擇。

以團隊為基礎的工具有助於專案團隊成員達成共識，將產生衝突的可能性降到最低。這些工具可以：

- 促進團隊成員的參與。
- 鼓勵每個人的貢獻。
- 具有結構組織，可用有系統的方式逐步進行。
- 促進大家產生共識。

以團隊為基礎的工具應該具備三種感官學習型態：**視覺**、**聽覺**，以及**動覺**（kinesthetic）。感官學習型態是指個人吸收及處理資訊的方式。

視覺的學習者需要看到事情正在進行的情況。他們吸收資訊的方式是透過視覺途徑：書面文件、圖表、投影片。以團隊為基礎的工具應該以視覺方式呈現每個人的意見和想法；通常來說，人們會在圖表上貼上便條紙，或是在牆壁上貼上長條紙，讓大家都可以接收到同樣的資訊。

聽覺的學習者需要透過聽和說來學習。他們需要參與討論，才能充分了解手邊的議題。在做出決定之後，務必得重新口頭說明一遍，然後徵詢團隊成員口頭上的同意。以團隊為基礎的工具應該包括討論想法或議題的方法。

動覺的學習者最適合透過實際工作或感受來接收資訊。他們需要對想法或議題有所感受，當他們實際在四處走動時，這樣的感受最為強烈。以團隊為基礎的工具應該在練習當中加入實際的動作，讓團隊成員把便條紙從一處轉貼到另外一處，具體組織他們正在構思的點子。

本書介紹的專案管理工具便納入了這三種感官的學習方式，其中包括以圖表和長條紙呈現視覺資訊、討論，然後由團隊成員實際投入。透過這些工具的運用，可以確保團隊裡的每個成員都能全心全意地投入這個過程當中，接收並理解所呈現的資訊。我們會在第十一章進一步討論決策工具。

原則五

對於團隊個別成員及整體團隊的貢獻表達由衷的感激。當人們覺得受到重視時，他們會表現得更好。團隊也是同樣的道理，如果受到重視，他們會更加全力以赴。並不是同樣的方式都可以讓團隊裡每個人都覺得受到重視。不過，各位可以參考以下這幾點原則：

- 肯定他人的成就。
- 對人們所做的工作表示感謝。
- 慶賀成功。
- 尊重每個人的意見和看法。
- 為團隊挺身而出。
- 誠實以對。

在每次的團隊會議裡，各位可以撥出一些時間來肯定成員的成就，並且感謝他們的貢獻。此外，如果達成重大的成就，則應該花些時間小小地慶祝一番。如果可能的話，專案預算裡應該可以提撥一些經費來舉行小規模的慶祝活動。

除了肯定和慶祝之外，讓團隊成員覺得你和他們是站在同一陣線，這一點也是相當重要。這樣一來，如果要冒險的話，他們知道你會全力支持。你就猶如保護他們的盾牌一般，讓他們免於受到外界的干擾，可以在安全的環境裡專心推動專案的進行。

原則六

團隊的建立需要有互信互重的環境配合。信賴是需要時間培養的。以下提供幾點培養信賴的建議：

- 接受個人在想法、學習，以及其他層面上的差異。
- 不要承諾辦不到的事情。
- 信守諾言。
- 保持信心。
- 重視每個人的意見和想法。
- 誠實。
- 擅長人際溝通技巧。
- 擅長促進的技巧（facilitation skills）。
- 不要責怪他人。

信賴的培養需要時間，可是卻能在轉瞬之間前功盡棄，而且一旦信賴蕩然無存，想要重新建立就會非常困難。所以說，請花些時間培養你和專案團隊及專案團隊成員之間的信賴，並且善加維繫。如果你的所作所為讓他們不再相信你，請坦承你的錯誤，並且採取補救措施，請求他們的原諒。這樣有助於重新建立他們對你的信賴。如果你抱持公開、誠實的態度，就算偶有瑕疵，人們也會諒解。如果你塑造出自己完美無暇的形象，人們將不會容忍你任何一點的錯誤。

原則七

授權給專案團隊。當專案團隊獲得充分的授權時，工作效能會更高。所謂授權給專案團隊，就是把決定權和責任盡量下放。當團隊獲得授權時，他們會對必須產生的結果負起更大的責任；此外，團隊成員還會和專案領導人分擔專案的重擔。以下是妥善授權專案團隊的做法：

- 明確界定每個專案相關人員將會扮演的角色，並要求每個人扮演好自己的角色。
- 明確說明對專案團隊及對每個專案團隊成員的期望。
- 提供完成任務所需的資源。這是專案領導人的工作，贊助人則從旁協助，以確保專案團隊具備完成專案所需的資源。如果專案團隊在完成規劃之後，缺乏足夠的資源達成最終的產出，那麼專案領導人必須和贊助人進行協商，爭取更多的資源或是對專案範疇進行調整。要是沒有足夠的時間或經費完成任務，或是缺乏當初承諾的資源，若要在這樣的情況下完成任務，根本無法激勵人心，更遑論授權。

- 確定專案團隊成員具備完成任務所需的技能和知識。確定你的專案團隊具備成功完成任務所需的專案和團隊技巧。
- 明確界定結果的責任分配。授權同時也賦予了責任的承擔，也就是負責完成指派的任務。在「CORE專案管理™」裡，每一個產出、每一項任務，以及每一個議題都有其指派的責任。此外還有意見回饋機制，讓領導人和團隊可以掌握每一個人工作的狀態，檢查是否履行個人的責任。
- 將決定權盡量下放。你可不想微觀管理專案團隊或團隊裡的每一個人。在專案團隊層次的主要考量，應該是專案的產出，以及團隊裡許多人都會受到影響的議題。許多專案團隊過於在乎每個成員細微末節的事情。其實，只要清楚界定責任，以及確定成員具備完成任務所需的技能或支援，就沒有理由凡事親自親為，這些事情最好是交給個別成員處理。

大多數專案經理所接受的訓練都是以內容為導向。他們知道最好的選擇、自行做出決定、為專案解決問題。不過這種以內容為焦點的做法無法創造出亮麗的專案成果。

若想下放控制權、授權給團隊，你得協助團隊明確界定需要完成哪些工作、應該由誰負責、什麼時候完成，然後確定團隊成員是否具備所需的資源和技能。你得要求團隊定期產出，或是指派任務進行報告。責任迴圈在此結束：責任分派出去，負責的人針對履行責任的情況進行報告。

這七項基本原則可以協助各位創造更有效能的專案團隊。不過，團隊的出現、充分成形，以及表現都不是一蹴可幾的，而是按部就班逐漸演進（參考圖3-1）。

頭四個階段是由布魯斯・塔克曼（Bruce Tuckman）所界定的。

圖3-1 團隊開發的階段

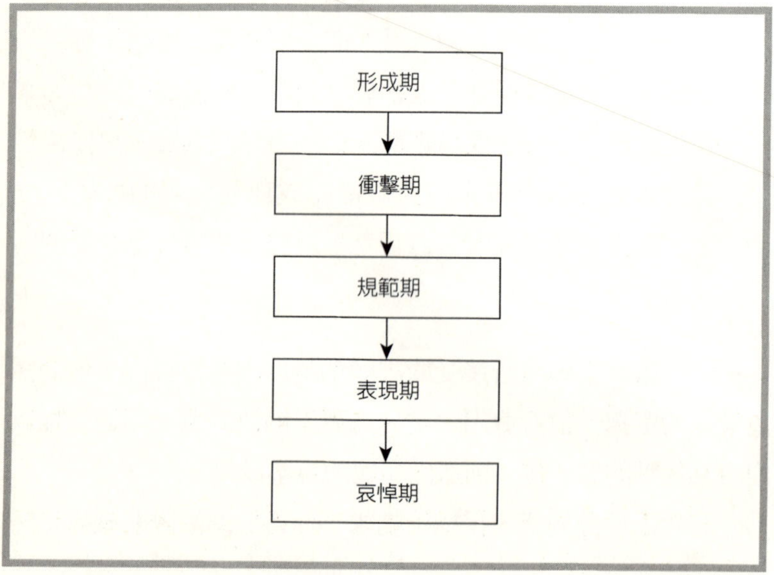

形成期

第一個階段叫做形成期（forming），專案團隊在此階段形成。在團隊形成階段裡，他們的焦點在於回答下述問題：

- 我們為什麼在這兒？
- 我在這項專案計劃裡的角色是什麼？
- 這些人是誰？我們要怎麼合作？
- 專案領導人是什麼樣子？他／她會如何進行這個專案？

在形成期，團隊成員彼此都很客氣。他們還在觀望接下來會如何。這個階段你會聽到的問題都是：「為什麼」、「什麼」，以及「什麼時候」。這個階段始於專案展開的時候，當人們不再客氣，而且衝突開始浮現時，就是這個階段的結束。

這個階段是不可能細心管理的，所以不妨迅速進入下個階段：衝擊（storming）。在第四章，我們將會討論如何展開專案工作的方法，以便為專案設立正確的基調，並讓第一個成形階段可以迅速度過。

如果團隊形成階段進行順利，自然可以進入下一個階段：衝擊期。

衝擊期

專案團隊成形之後，當團隊成員彼此才剛熟悉、瞭解實際的工作挑戰時，就頓時進入衝擊期，讓團隊起初表面上的寧靜毀於一旦。此時，團隊成員對於應該做些什麼、由誰來做之類的事情看法都不一樣。團隊裡可能各自分成對立的陣營。當你聽到「我不能」和「不可能」之類的話時，就表示團隊已經進入衝擊期。專案的延伸目標（難以達成的目標）愈大，衝擊期裡的爭論就會愈多。不過，高層主管對團隊愈是支持，專案的目標愈有意義，則此階段的衝突就愈容易化解。化解衝突的辦法中，為專案建立強大的共同目標是最重要的推動力量之一。

不管你多麼想避免衝突，都無法跳過這個衝突期。如果你想為團隊成員建立共識，讓他們將專案成敗視為己任，勢必得經歷衝突期。在這個階段，大家對於專案應該如何進行的方式開始形成自己的見解，並且從而建立團體的共識。

衝突期可能持續到整個規劃流程。大家對於應該做些什麼，以及如何進行的看法產生衝突，只要將這些衝突明朗化、搬上檯面，並且順利解決，其實衝突也是有建設性的。如果你們採取的工具是以團隊為基礎（就如同本書所介紹的這些工具），那麼就可以迅速度過衝擊期，並且逐漸在這樣的過程中建立信賴和互重，同時化解障礙、讓大家對專案計劃建立共識。在衝突期間採取參與式的方法，讓大家一同解決問題，有助於為下個階段奠定良好的基礎。

規範期

當團隊成員化解衝突時，就會進入「規範期」（norming）。

在這個階段，專案的目標、角色，以及界線都得以釐清，並為團隊成員所接受。團隊成員將工作的完成視為己任，並勇於負起責任。這時候你會聽到「我可以」和「我將會」之類的話。

規範期通常是在規劃期結束時，或是在執行階段開始的時候出現；這要看專案的複雜程度、相關爭議，以及你度過頭兩個時期的技巧而定。在規範期，人們會各自處理自己的任務。這時候專案領導人和專案團隊成員都大大地鬆了口氣。

在這個階段，你必須定期舉行團隊會議，以便團隊成員監督進度及解決問題。你也可以專注在建立團隊的技巧上，譬如：

- 舉行有效的會議。
- 積極的聆聽。
- 提供有建設性的意見回饋。
- 化解衝突。
- 做出團隊決策。

以團隊為基礎的技巧愈是豐富，規範期就能夠愈發順利地度過。

如果截至目前為止，你們進行得很順利，成功度過團隊建立的頭兩個階段，而且如果在規範期還是秉持有建設性、參與式的方法進行，或許可以進入下一個階段，追求最高層次的表現。這個階段就稱為「表現期」（performing）。

表現期

在表現期，團隊終於成為真正的團隊，齊心協力、彼此支持。管理專案進行的是團隊，而不是領導人。團隊成員會觀察進度及掌握變化，並且做出必要的調整以達成所需的成果。團隊會負起完全的責任和所有權，不單單對專案如此，對於團隊的活力更是如此。像是「我們可以」、「我們將會」之類的關鍵句子都會在這個階段出現。當你們聽到這些話時，就表示你們在追求目標的過程中又更上一層樓。

然而，在表現期不可過度鬆懈。你們還是必須參加專案管理的過程及團隊的動態管理；不過進行到這個階段，你們對這些工作已經感到駕輕就熟。對於團隊的成就要記得給予肯定，並對成功予以慶賀。

能夠進入表現期的團隊其實並不多，有些團隊根本無法度過衝擊期那一關。不過，如果你們是屬於少數成功的人，那麼眼前還有另外一大挑戰——那就是解散團隊，面臨最後的哀悼階段（mourning）。

哀悼期

在高績效的團隊裡，大家對自己及對全體成員齊心協力所達成的成果感到自豪，而且樂於彼此共事，為共同的使命貢獻力量。因此，當大功告成時，大家都感到離情依依。對於大多數人而言，這是很難得的經驗，無怪乎難以割捨。不過就定義而言，所有的專案都是暫時性的，所以終究有結束的時候。在這時候，團隊會進入哀悼期。

在哀悼期間，慶賀和哀悼都很重要。在專案團隊進行期間，應該不時地對成功加以慶賀，否則可能根本到不了哀悼期。

不過，在這個階段也應該對團隊的成就進行慶祝。這時團隊可以結束專案的整個流程——向朋友和同事說再見。正式舉行一個結束的儀式，可以有助於整個專案的結束。

開發和參與階段

說到這兒，希望各位可以很清楚地發現，指導式的專案管理對於團隊開發的各個階段實質上沒有太大的幫助。事實上，指導式專案管理往往在團隊形成期就停滯不前。如果專案領導人對於衝突抱持著開放的態度，他們或許能進入衝擊期和規範期，可是這並不是整個旅程的結束。以這種方式管理的專案團隊，不太可能會有多麼亮麗的表現，當專案結束時，團隊成員也不覺得離情依依。

事實上，在指導式專案管理之下，大多數的互動都是介於專案領導人和個別的團隊成員之間，團隊成員彼此幾乎沒有合作的機會，也沒有什麼機會形成真正的團隊。

高績效團隊

建立高績效團隊不單單是為了追求更高的表現，同時也是因為，選擇和能夠順利完成任務的高績效團隊合作比較有意思（參考表3-1）。如果你們原本就是某個專案團隊的成員，那就請花個一分鐘的時間，針對這十個高績效團隊的特質，為你們所屬的團隊進行評估。評估的分數從一到六不等，一表示「我們從來不會這樣」，六表示「我們總是這樣做」。然後把總分加起來，滿分是六十分。如果你打的分數有六十分，那你肯定是在說謊。接著把總分除以十，算出平均分數。如果你的平均分

表3-1　高績效團隊評估

1. 團隊成員的目標和專案的目標一致。	1	2	3	4	5	6
2. 團隊專注於環環相扣的行動。	1	2	3	4	5	6
3. 團隊成員參與流程的規劃和監督／控制。	1	2	3	4	5	6
4. 團隊全體成員對於決定大多都有共識。	1	2	3	4	5	6
5. 專案領導人和團隊成員都將專案計劃與執行視為己任。	1	2	3	4	5	6
6. 團隊成員都有獲得授權。	1	2	3	4	5	6
7. 當有衝突發生時，大家會齊心協力地加以化解。	1	2	3	4	5	6
8. 團隊成員覺得意見獲得重視和支持。	1	2	3	4	5	6
9. 個人的作風差異獲得重視。	1	2	3	4	5	6
10. 團隊關切個別的需求。	1	2	3	4	5	6

總分（把你的分數加總起來）

平均（總分除以十）

數是四或四以上，那麼表示你們這個團隊的表現非常好，不過還是有些可以改善的空間。如果平均分數低於這個水準，也不要失望。我們還有許多相關資料，可以協助各位改善這個情況。

要想建立高績效團隊，專案領導人就必須對專案管理和團隊流程全力以赴。專案領導人需要扮演促進者的角色，協助團隊按部就班地進行這些流程。至於要如何才能成為優秀的促進者？可以參考以下建議：

- 讓全體團隊成員都有平等的參與機會。
- 維繫一個安全的環境。
- 體認到每個人的貢獻。
- 執行團隊奉行的基本規則。
- 專注於團隊和專案管理流程，而不是其中的內容。
- 尊重每個人個別的差異性。
- 當有衝突產生時，立刻予以化解。
- 協助團隊在正軌上發展。

專案領導人的技巧

以上介紹的促進技巧，在創造高績效團隊所需的眾多領導技巧當中，不過是其中之一。各位可以參考表3-2，用以評估自己擔任專案領導人的技巧，分數最低為一，最高為六。一表

表3-2 專案領導人的技巧評估

1. 帶領團隊按部就班地進行專案管理流程。	1	2	3	4	5	6
2. 帶領團隊按部就班地進行團隊開發的各個階段。	1	2	3	4	5	6
3. 口頭溝通的技巧，包括一對一及對整個團隊的溝通技巧，以及書面溝通的技巧。	1	2	3	4	5	6
4. 人員管理的技巧，譬如有建設性的意見回饋、化解衝突、管理個別作風及個性。	1	2	3	4	5	6
5. 促進的技巧。	1	2	3	4	5	6
6. 在公司各個單位之間聯繫的技巧，以及為團隊克服障礙的技巧。	1	2	3	4	5	6
7. 接受他人批評、意見回饋，以及想法的能力。	1	2	3	4	5	6
8. 以團隊進行腦力激盪、組織、決策、專案管理、化解衝突等技巧。	1	2	3	4	5	6
9. 推銷的技巧。在公司內外推銷專案的能力。簡報的技巧。	1	2	3	4	5	6
10. 領導技巧。	1	2	3	4	5	6
總分（把你的分數加總起來）						
平均（總分除以十）						

示「我在這個領域的技巧極低」，六表示「我在這個領域的技巧非常好」。請把你的總分加起來，然後除以十算出平均分數。不論你的分數為何，都可以繼續改進管理專案的技巧。

各位可就附錄A對專案領導人的技巧進行更詳細的評估。

第4章

展開專案

專案的起始會議是對專案的第一次介紹，也是專案管理流程的規劃階段，以及團隊發展流程之形成階段。

起始會議及團隊流程

在形成階段時，團隊成員會思考：「這個專案的目的何在？」、「將如何進行？」、「團隊裡另外還有哪些人？」、「這個專案有趣嗎？」。協助團隊成員為這些問題找出答案，是專案領導人的責任。

起始會議為整個專案設定基調。團隊成員會評估你這個專案領導人的作為，譬如你是怎麼領導專案團隊的？你採用什麼風格？你會不會為這項專案抗爭？你有哪些長處？弱點？同時，他們也會評估專案，譬如這個專案有沒有意義？對公司是否重要？對他們個人是否重要？是否可行？有沒有道理？有沒有挑戰性？有沒有樂趣？

仔細規劃起始會議是很重要的，如此一來規劃及團隊成形階段的展開才會有生產力。

起始會議的安排

會議室

預留一間大房間。要有足夠的空間，大家才能坐得舒服、方便走動，因為大家必須走到牆邊進行團隊演練。試著找到一間沒有太多窗戶的房間，以免與會人士分心，而且你們也會有比較多的牆壁空間可以利用。

座位安排

如果你們的成員人數只有十人或是更少，你們可以安排大家圍著一個圓桌或是長方形的桌子坐下。如果你們的團隊人數多（超過十個人），那麼你們會需要一張大的長方形桌子（類似董事會的桌子），或是一些圓桌或長方形的桌子（參考圖4-1）。座位的安排不要像在教室一樣，把椅子面朝前方一列列排整齊。這樣的安排適合演講會或指導式的場合，但不適合參與式的會議。起始會議應該活潑有朝氣，而不是被動接收，所以應該讓大家分組坐在一起，促進大家的互動，而不是阻礙。

圖4-1 房間的安排

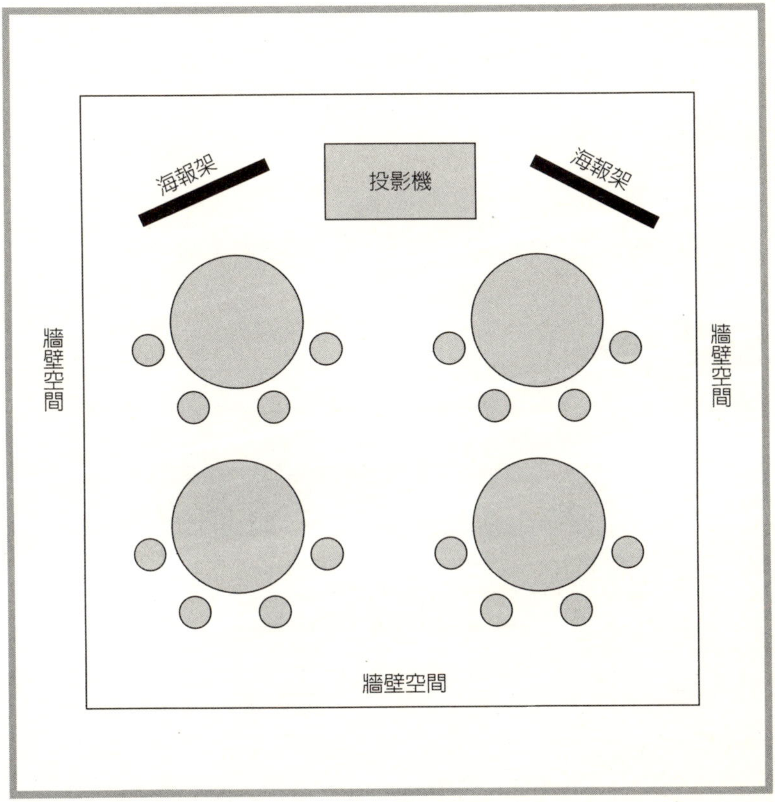

設備

你們需要至少一個海報架，以及許多奇異筆，同時要準備許多不同顏色和大小的即可貼便條紙（Post-it便條紙）。另外也得準備透明膠帶，好將海報紙黏貼在牆壁上。

備註：這些準備會議的原則適用於所有的團隊會議，而不光是起始會議而已。

停車場

在會議展開之前，你們必須準備一個會議的「停車場」，也就是在海報紙頂端寫著「停車場」的標題（參考圖4-2）。

圖4-2 停車場

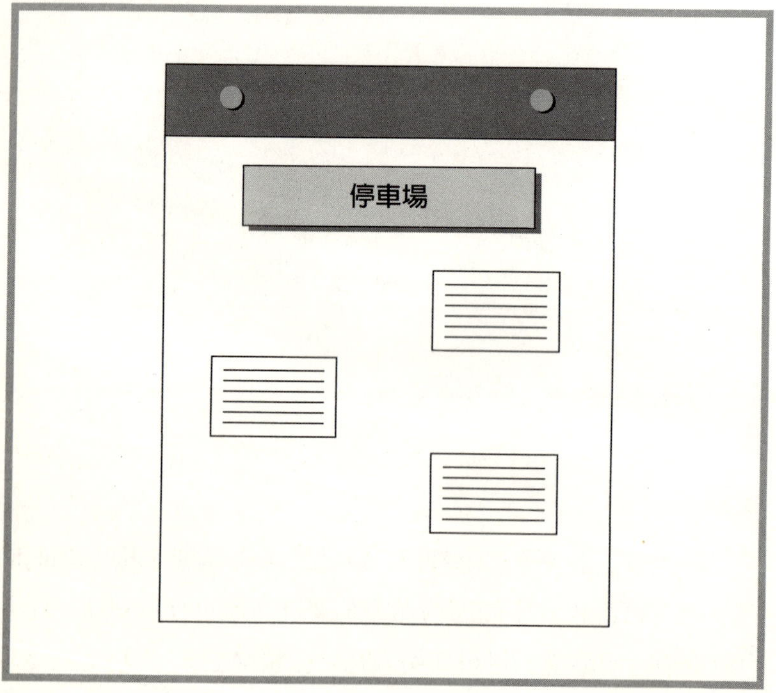

所有參與專案團隊會議討論的經理人，只要是當場無法回覆的想法、議題或疑慮，或是在討論範疇之外的議題，都可以記錄在便條紙上，然後貼在這張標有「停車場」的海報紙上。會議結束時，停車場上也沒有任何議題留下，因為：

- 已經過處理，或是已經解決的議題都已經清除。
- 轉移到議題清單（稍後將會討論），以待日後處理。
- 轉移到所學心得清單（將於稍後討論）。
- 置於下次團隊會議的議程。

不管是何種參與式流程，停車場都非常重要。這樣你們無須打擊任何一個人的想法，或是其所提出的疑慮，照樣能夠讓會議進行得很順利。當有人提出想法或疑慮時，將其記錄下來並貼在海報紙上，藉此肯定這個人的貢獻，讓對方覺得受到尊重、重視。這樣的做法有助於建立信賴和安全感，而且會議也不會因此而偏離正軌。

應該邀請誰？

很顯然的，你們應該邀請原始的專案團隊來參加起始會議。除此之外，也要邀請你們的贊助人，因為起始會議的主要目的之一在於檢討專案核准書，如果你們的贊助人能在現場回答、處理團隊成員所提出的問題，會有很大的幫助。

如果這是個規模很大、極為重要的專案，你們也可以邀請管理團隊裡攸關該專案成敗的人物，尋求他們的支持。他們出席會議即表示他們會給予支持。如果你們確實邀請管理階層的人物來參加起始會議，那麼請將會議分成兩個部分：第一個部分是一般的會議，讓管理團隊的與會者參與；第二個部分則是真正的工作會議，只有專案團隊和贊助人參加。你們需要贊助人留下來回答有關專案核准書的問題。

會議議程

不管是什麼會議，開會之前議程的準備都是很重要的，起始會議也不例外。以下是為起始會議準備議程的幾點建議：

一般的會議部分（讓管理團隊成員參與的部分）：

- **簡介**：請全體人員自我介紹，說明自己代表哪一個部門。
- **檢討專案核准書**：檢討專案核准書裡的每一個部分，並且提出問題和考慮的議題，這應該是屬於比較高層次的檢討工作。比較細節的檢討則是在會議的第二部分進行。

工作會議（讓贊助人與會，但不包括其他的管理階層人員）：

- **簡介**：請每個團隊成員對自己的背景提供更進一步的資訊。
- **破冰**：此時你希望專案團隊成員彼此更加熟識，所以若有人能扮演破冰者的角色會很有幫助。

- **仔細檢討專案核准書內容**：再度檢討專案核准書內容，並且深入討論每一個環節。團隊成員在第一個部分不敢提出來的問題，可能會在這時候提出。
- **建立團隊契約**：團隊契約是團隊成員之間就如何自我管理團隊所達成的協議。
- **及早找出議題**：有沒有任何需要立刻予以關切的議題？
- **為日後的規劃會議安排時間表**：這些會議是用來計劃專案規劃階段的活動。

在此且讓我們更深入探討議程中的每一個部分。

簡介

簡介之所以重要，是因為這有助於大家能彼此了解。在管理階層參與的第一部分，請全體與會者自我介紹，告訴大家自己的名字及代表的部門。在第二部分的工作會議裡，請全體人員再度自我介紹，這時候請詳細說明自己的職務和背景，這樣一來，大家才知道每個團隊成員各有何專長，對於專案可能會帶來哪些好處。這對於形成階段的展開也很有幫助。

如果團隊成員已經彼此認識，簡介還是很有幫助。你們可以請大家分享，他們認為自己雀屏中選的原因，或是說說自己的事情，只要不牽涉到私生活都可以。以下是一些你們可以提出的問題：

- 在這個世界上，有什麼地方是你從未造訪過、而你想要去看看的？
- 你最不尋常的嗜好是什麼？
- 你做過最刺激的事情是什麼？
- 你小時候最希望成為？

這些問題應該盡量簡短，不要讓人覺得困窘，但是要能夠打破僵局。

打破僵局

在團隊發展的形成階段，主要目標是讓大家對於加入團隊覺得自在。有個辦法是在起始會議裡打破僵局，也就是：

- 促進參與者之間的交流。
- 不要讓人們覺得不舒服。
- 透露個人以及／或是團隊某些與這項專案有關的訊息。
- 有趣。
- 簡短。

多元遊戲[1]（Diversity Game）就是個很棒的例子。除了可以打破僵局之外，這套遊戲還能透露出團隊成員及整體專案團隊的思考風格。這是一疊代表六十四種不同思考風格的卡片，團隊成員得從中找出三張代表自己思考風格長處的卡片，並從而找出團隊思考風格的優缺點。這不但能夠迅速讓氣氛活絡起來，並使大家站起來彼此交談（他們得彼此交換卡片），而且還能透露團隊成員和整體團隊的重要訊息，可說是打破僵局絕佳的例子。如果團隊成員的思考風格不足以從事這項專案，那麼專案領導人可藉此及早找出不足之處（關於這部分請參考附錄B對於思考風格的說明）。多元遊戲只是打破僵局、協助團隊度過形成階段的一個例子。

檢討專案核准書

每個人都得了解專案核准書所列舉對於專案的期望。請提供每一個團隊成員及受邀的來賓一份專案核准書，並且請贊助人和管理團隊的來賓共同討論，以減少這份專案核准書的內容，了解他們的意見和擔心的地方。如果可能的話，贊助人應該在會議中化解他們的疑慮或議題。如果當場解決不了，專案領導人應該將這些疑慮記錄在議題清單之中，留待日後解決。

當管理團隊的受邀來賓離開之後，再和專案團隊成員檢討這份專案核准書：

---

[1] 作者註：這是由Applied Creativity所開發的，可以透過我們的網站購買www.projectresults.com。

- 不妨將專案核准書的內容影印成一張明信片大小的紙張，並將它貼在牆上，這樣的做法有助於團隊成員都能遵行並檢討流程。
- 當你們在檢討流程當中的各項環節時，請求各位踴躍提出問題、提出改變的建議，並且加以補充。然後把這些問題、議題、想法，以及意見記錄在即可貼的便條紙上，貼在專案核准書上或海報紙上。
- 當贊助人在處理每項議題或問題的時候，請在另外一張便條紙上記錄他們的回應方式，然後貼在第一張的旁邊。如果不這麼做，當贊助人離開會議之後，你或團隊可能忘記他是怎麼回覆的，要不就是對這個回覆各有不同的見解。
- 若有任何無法當場解決的議題，請記錄在議題清單之中，以待日後處理。

你們可能會發現到，有些問題或疑慮是與這項專案是否切合實際、是否可行有關。「我們真的能在截止日期之前完成嗎？」，或是「技術層面真的可行嗎？」諸如此類的問題將會在規劃流程當中處理，所以盡量不要試圖在這個階段回答。然而另一方面，如果不略加處理這些問題，專案團隊可能不願意繼續往下進行。這時候你不妨肯定團隊成員的疑慮，並且表示你會在進行規劃階段時加以處理。如果在規劃之後，專案團隊還是認為不可能達到專案核准書中所列的期望，則你大可以帶著規劃的資料，回去找贊助人尋求解決之道。規劃的流程是設計來回答這類問題的：「我們能不能在限制的條件內，成功達成專案核准書中所列舉的要求？」所以說，你們無須在檢討專案核准書的階段就試圖挑戰專案核准書的可行性。檢討專案核准書的目的，在於了解贊助人對於專案有何期望。而且，當團隊一旦有機會進行細部的規劃時，原本看起來似乎不可行的事情，說不定也有可能成功。

團隊契約

在檢討專案核准書完畢之後，你們還得擬定一份團隊契約，也就是一份每個團隊成員都同意遵守的原則。

只要是曾經參與專案團隊工作的人多少都會碰過形形色色的問題，譬如團隊成員開會遲到，或是沒有準備就來開會等等。團隊契約可以避免這些問題的發生，而不是坐待這些問題發生之後才想辦法解決。團隊契約是一套規範團隊成員行為的指導原則和基本規定。請看以下這幾點範例：

- 除非團隊同意，否則有關團隊的議題不得外洩。
- 讓每個人都有公平參與的機會。
- 練習積極、有效的傾聽技巧。
- 不論何時，都應該根據資料做出決定。
- 在下決定之前應該先聽取全體團隊成員的意見。
- 在想辦法解決問題或尋找答案之前，應該先了解每個參與人士的利益和希望。

- 會議的開始和結束都要準時。
- 團隊成員在開會前都得先做好準備。

以下兩個方法，可以建立團隊規定，並讓大家對此建立共識。

方法A

第一個辦法是先擬定一份樣本契約，然後由專案團隊成員根據本身的經驗和疑慮之處參與修訂。附錄C提供一份樣本契約供各位參考。各位可以把團隊成員以每三、四個為一組的方式分為分支團隊，請每個分支團隊各自負責修訂樣本契約裡的一、兩個部分。最好把樣本契約裡各個環節的內容印在投影片上，然後讓各個團隊用奇異筆在投影片上進行修正。這樣一來，團隊同仁都能看到他們所做的改變。

方法B

擬定團隊契約的另外一個方式是：

- 請每個團隊成員寫下他們在以前的專案團隊裡曾遭遇哪些問題。預先發給團隊成員奇異筆和即可貼便條紙，讓他們可以把這些事情記錄下來。
- 在團隊成員將他們的想法寫下之後，請他們把這些便條紙貼在牆壁上的長條紙。

- 請團隊將這些問題進行分類（站在牆壁前面），把相同類型的問題歸納在一起。團隊成員在進行這項動作時最好保持安靜。
- 在把這些想法分門別類之後，請團隊成員為每類問題寫上標題。標題名稱請務必詳盡完整，譬如「會議的有效運作」（這種腦力激盪／組織的流程就稱為親合圖法。第十一章會對如何製作這類圖表有詳盡的說明）。

在所有的類別都擬定名稱之後，把全體團隊成員以每三、四個人為一組的方式進行分組。然後把一個、甚至更多的問題類別分配給每個分支團隊。請他們為所負責的類別寫下指導原則，記錄在一張海報紙上，以便和所有的團隊成員分享。當所有的分支團隊都完成自己負責的團隊契約之後，就以方法A或方法B，請他們和全體團隊成員分享他們所做的改變（如果他們使用的是投影片，則你需要一台投影機）。每個分支團隊在檢討他們所擬定的基本規定時，記得要詢問其他成員是否有任何疑慮或看法，接著就每個部分的內容尋求共識。當上述檢討工作完成之後，大家都能夠接受這份團隊契約，而且每個人都會簽署這份文件。請他們簽署文件的做法有助於激發他們更大的承諾，而不只是口頭說說而已。

備註：如果只要出現一點差錯，大家都會擔心遭到責難，在這樣的公司文化之中最好不要請團隊成員簽字。可別忘了，你的用意在於激發個別成員對於專案成敗的責任心，並且為你和團隊之間，以及團隊成員之間建立信賴感。在充滿疑懼的環境裡，就不要簽名了。

當團隊的基本規則擬定完成之後，就可以開始專案規劃的步驟。這時候先和團隊討論，看看在開始規劃流程之前有沒有任何需要及早處理的議題。如果有的話，就把這些議題加入議題清單。

規劃會議的排程

在展開規劃流程之前，先為未來的規劃會議排程，以便大家事先安排完成專案所需的時間。你們需要投入規劃的時間量要視以下要素而定：

- **參與專案團隊的人數**：參與的人數愈多，你們需要投入規劃的時間就愈多。
- **技術的複雜程度**：你們必須創造的產出愈是複雜，就需要愈多的時間進行規劃。
- **專案的規模**：專案目標愈是廣泛，所需的工作就愈多，所以你們就需要投入更多的時間規劃。
- **團隊的經驗**：如果團隊成員曾經負責過類似的專案，那麼所需的規劃時間就會比完全沒有類似經驗的團隊來得少。此外，專案團隊如果對於專案管理有經驗，所需的規劃時間也會比較少。

- **類似專案的歷史資料**：類似專案的歷史資料愈多，你們就會愈了解如何規劃這類專案以及實際的成果如何，所以在規劃自己的專案時也會省力很多。

起始會議的範例

在我們開始討論規劃階段之前，先來看看一、兩個起始會議的例子。首先要介紹的這個起始會議並沒有為專案團隊奠定妥當的基礎，專案領導人隆恩即將舉行他的起始會議。各位不妨看看他有哪些地方做錯了。

「歡迎參加我們專案的起始會議。誠如各位都知道的，這項專案對於未來的盈餘成長極為重要，所以你們應該對參加這個專案團隊感到驕傲。我希望你們能對這項專案傾注全部的心力。我們大家彼此都認識，所以就不要浪費時間自我介紹了。現在，我要發給各位我們的贊助人莎拉提供的專案核准書文件。如果你們有任何問題請告訴我，我會轉告給她知道。」大家接著埋頭靜靜地看著文件內容。後來賴瑞舉手表示，他擔心無法在截止日期之前完成任務，隆恩回答說，「當然，這的確蠻趕的，不過我知道，只要大家同心協力，我們一定可以達成使命的。我已規劃好一份可行的進度表。等我們檢討完畢這份專案核准書之後，我就會發給大家。有問題嗎？」

邦尼這時候提出一個問題，隆恩回答說，「這個問題和我們討論的主題其實沒有關係，我想我們最好繼續討論。」

很顯然的，隆恩不是正確的典範。讓我們看看隆恩犯了哪些錯誤：

- 他並未在會議中納入簡介或是打破僵局的部分，所以大家沒有機會彼此認識。
- 他並未讓團隊參與擬定團隊契約。
- 他無法容忍有人挑戰專案核准書的內容。
- 他沒讓團隊參與進度表的安排。
- 他並未設置停車場，讓與當前議題無關的點子、議題或疑慮有地方可以擺放。

如果隆恩想要達成專案所需的成果，他的做事方法就得重新做些改變。他也可向另外一位專案領導人山姆效法，山姆採取的是CORE PM法。

山姆在起始會議一開始就開宗明義地說，「我們雖然彼此都認識，不過還是花個幾分鐘的時間寒暄一下，了解一下彼此最近都在做些什麼。同時，我也要和大家玩一個思考風格的遊戲，這個遊戲可以讓我們了解團隊成員的思考風格。我還安排了停車場，以免遺漏各位所提的點子或疑慮。我們會在會議結束之前說明將會如何處理。」

「在了解我們的思考風格之後，我要擬定一份大家都可以接受的團隊契約，以利這項專案的進行。這樣的團隊契約有助大家在合作時避免無謂的問題和衝突。」

「我已經和贊助人研擬過這份專案核准書，也就是我預先發給各位的這份文件。我想要聽取各位對於這份專案核准書的意見、問題、疑慮和想法。我們會把這些想法分別記錄在即可貼的便條紙上，然後貼在牆上的長條紙。當有關專案核准書的議題一旦獲得解決，我們全體成員將會共同研擬一套專案計畫。」

山姆扮演的是促進者的角色，不是指揮者。他鼓勵團隊的參與，廣納意見和議題。山姆對每個團隊成員都很尊重，他傾聽大家的疑慮，並且確定每個提出來的問題都能獲得解決。這樣一來，他讓每個團隊成員知道他們提出的問題都很重要、的確值得重視。

山姆對於團隊流程和專案管理流程都很重視，而且也親自參與專案團隊。他是個很聰明的專案領導人，而參與專案團隊也正是聰明的專案領導人會做的事情。

規劃流程

在討論專案規劃之前，在此且讓我們先說明，專案所需的規劃活動和第一章所說的專案特質有何關聯（參考表4-1）。

在第五～九章裡，我們將會討論專案的規劃活動（參考表4-2）。

可別被規劃活動的數量嚇到了。這樣的數量其實是很正常的，而且實際上做起來要容易得多。此外，團隊成員也會提供你們許多協助，而這也正是讓團隊參與的好處之一。

表4-1 規劃活動和專案的特質

專案特質	所需的規劃活動
暫時性的努力	●必須招募專案團隊。 ●專案必須經過組織。 ●必須訂出起始和結束的日期，並且透過專案進度表加以確認。 ●必須建立預算。
獨特的產出	●顧客對於最終產出的條件必須清楚地加以界定。 ●必須明確界定，專案包括哪些內容，以及沒有包括哪些部分。 ●必須寫下最終產出的說明。
沒有事前界定的工作分配	●必須決定由誰做些什麼。 ●必須分配職責。

內容與流程查核

在進行專案規劃之前，請先進行內容和流程的查核，確定你們在啟動階段沒有遺漏任何事情。

- ❑ 你們會在起始會議之前發布議程嗎？
- ❑ 是不是每個能從起始會議獲益的人都有參加會議？
- ❑ 你有沒有請每個人自我介紹？
- ❑ 你有沒有打破僵局，協助團隊成員進行團隊開發的成形階段？

表4-2 各章介紹的規劃活動

環節	活動	書中的章節
界定範疇	● 確認顧客對於專案的期望。 ● 明確界定最終產出。 ● 界定專案當中包括什麼，以及沒有包括些什麼。	第5章 規劃範疇
組織工作	● 確定專案團隊有適當的人選。 ● 確定所有的利害關係人在團隊裡都有某種類型的代表。 ● 把最終產出分解為可以管理的部分。 ● 把每個部分分配給一個團隊成員負責。	第6章 組織專案
評估風險	● 思考可能會出錯的環節，並且想辦法避免這樣的問題發生。	第7章 評估風險
建立專案進度表	● 為必須完成的所有工作進行排程。	第8章 建立進度表
建立預算	● 為專案所需的人力時間建立預算。 ● 建立支出的預算。	第9章 建立預算
撰寫專案計畫	● 擬定改變專案所需進行的程序。 ● 把規劃期間建立的資訊彙整起來，成為正式的專案計畫，並且獲得許可。	第10章 專案計畫的整合

❑ 你有沒有邀請贊助人參加起始會議，讓他或她可以回答有關專案核准書的問題？

❑ 你有沒有深入檢討專案核准書的內容？你有沒有把問題和回覆記錄下來，讓整個團隊都可以看得到。

❑ 你是否促進會議的進行，而不是主導？

❑ 你有沒有鼓勵大家參與起始會議？

❑ 你可曾安排規劃會議的時間表？

繼續下去

現在，你們已經做好進行規劃的準備了。就跟起始階段一樣，規劃也是一種參與式的流程，需要透過大家的參與完成，由專案領導人扮演專案管理活動的促進者。規劃工作對你們的團隊技巧可能構成一種挑戰，這是因為當你們進行規劃的時候，團隊開發同時也會進入衝擊期。不過，如果團隊充分參與專案的規劃決策，那麼這個階段的衝突就不會那麼嚴重，而且會比較有生產力。

第5章

規劃範疇

當贊助人同意專案核准書時，也就是啟動階段結束的時候。專案核准書中會條列這項專案應該達成的目標，以及具備哪些資源。

專案核准書是專案的願景，也就是顧客和贊助人的期望，有時候甚至是他們的夢想。專案核准書當中要求的事項未必可行。

專案的規劃階段就是對專案核准書的可行性進行判斷。專案規劃其實就是現實面的探討：哪些事情可行、需要多久的時間、誰可以做什麼，以及會花費多少時間。專案核准書是處理有關「為什麼」、「什麼」的問題。專案計畫則是處理「誰」、「如何」、「何時」，以及「多少」的議題。在現有的資源之下可以達成什麼目標，實際上往往與專案核准書中列舉的期望有所落差。因此，專案的規劃可以釐清哪些可行，哪些則不可行。

不過，各位在進行規劃的時候，請務必抱著一定要達成專案核准書期望的決心。有些事情看起來像是不可能的任務，可是只要發揮一下創意，還是能夠扭轉乾坤。有時候就算再怎麼努力都無法達成，在這樣的情況下，則應該調整原本的期望，或是為專案增加更多資源。

專案的規劃，亦即針對如何達成產出的方式擬定作戰計畫：要創造些什麼、由誰、在多少的經費之下。這份鉅細靡遺的作戰計畫就是你們賴以執行專案的方式。

規劃要做的第一件事，就是界定專案的範疇：這個專案將為顧客創造些什麼。範疇之所以是專案裡最重要的元素，是因為所有的資源條件都取決於此。如果範疇廣泛，那麼你們需要比較多的資源；如果範疇狹隘，那麼需要的資源就比較少。

範疇是由顧客界定的，所以首要要務就是確定你們的確為專案找到正確的顧客。

顧客的界定

不管是什麼專案，都得考慮到兩種顧客：終端顧客（終端使用者）及專案顧客（參考表5-1）。

專案顧客是指接收專案最終產出的顧客。他或她不見得是產出的終端使用者。在上述履約的例子裡，專案顧客是商業流

表5-1　顧客特性

顧各類型	特性
終端顧客 （終端使用者）	● 產品、服務或流程的最終使用者，或是計劃發展或改進的人。 ● 以流程為例，終端顧客指的是實際運作流程的個人或團體。
專案顧客	● 接收專案最終產出的個人或團體。

程經理人肯恩。在履約中心裡工作的人員則是履約流程的終端使用者。

終端使用者的要求需要納入考慮嗎？答案是絕對的。在設計履約流程時，我們必須了解終端使用者需要些什麼才能有效把工作做好。終端使用者的需求往往是在專案開始之前就蒐集完畢，而市場研究或產品概念定義就是為了這個目的。如果終端使用者的需求未能在專案開始之前就加以界定，或是專案團隊並不了解這些需求，那麼你得在開始設計最終產出之前蒐集這些資訊。通常來說，這些條件可以在執行階段進行更深入的評估。不過在以下這些情況，你們必須在規劃階段就進行彙整：

- 終端使用者的需求完全未經評估。
- 專案顧客並不清楚終端使用者的需求。
- 終端使用者的需求與專案顧客的需求可能有很大的差異。

不管是為專案顧客或終端使用者彙整需求，這個過程其實都很類似。不過，專案顧客是最終產出交付的對象，通常也是對專案進行評估的人物，所以我們在此將針對顧客，說明如何評估他們的需求和條件。如果你們需要彙整終端使用者的需求，請套用此處說明的流程。

顧客需求

你們首先必須進行驗證的是顧客的需求，也就是了解顧客試圖解決什麼問題。這些需求雖然在專案核准書裡都已有記載，但你們得確定自己充分了解這些問題。最好的辦法就是親自拜訪顧客，實際體驗他或她所面臨的苦惱。

之所以要探索顧客的需求，是因為你必須了解，是什麼樣的問題促使顧客要求專案要有這樣的最終產出——他們往往把最終產出視為問題的解決方案。顧客來找我們的時候往往會說明他們想要的解決方案。譬如，「這款新的阿斯匹靈產品需要膠囊配方。」對於這個顧客而言，解決眼前問題最好的辦法或許的確是膠囊配方。可是另一方面，說不定你能找出更好的替代方案。透過對顧客需求的探索，你們可以超越顧客所提出的解決方案，深入找到問題的癥結。

如果可能的話，親自去拜訪顧客，並請他或她談談所困擾的問題。只要有不清楚的地方，就應和顧客訪談以便深入了解。你可能會發現，和顧客進行深入探索才能找出真正的問題癥結。譬如前面提及的履約流程經理肯恩，他要求將履約流程納入公司內部處理，那麼你可能會問，「目前的系統有哪些問題是內部履約體系可以解決的？」結果你會發現，內部履約系統式解決方案可以解決週期時間長及交貨出錯的問題。

以下有幾點建議，可以協助顧客找出問題真正的癥結：

- 這個問題對於公司有什麼影響？
- 你覺得為什麼會有這個問題？
- 如果我們提出你要求的解決方案，可以解決哪些問題？

透過這類方法，你們可以找出顧客對於解決方案的假設——也就是說他或她之所以要求專案要有這樣的最終產出，是基於什麼樣的假設。「假設」是指我們信以為真的事物。譬如，肯恩假設（相信）週期時間長及交貨錯誤是把履約流程外包給外界廠商的結果。他已經下了結論，認為把履約流程收回公司內部處理可以解決問題。這樣的假設可能正確，但也可能是錯誤的。

除非你知道顧客的假設是什麼，否則不可能予以驗證。當你證實顧客的需求時，你得確定他所秉持的假設正確無誤，或至少是根據當時現有資料所做的最佳判斷。

有些找出真正問題和解決方案的方法是比較量化的（解決方案也正是你們肩負要完成的最終產出）。這些解決問題的方法可以用來分析問題，並且從中選出最好的解決方案〔附錄D介紹馬丁泰特（Martin Tate）的三階段法〕。如果你們不確定面對的到底是不是真正的問題，那麼在進行專案其餘步驟之前，應該考慮採用一個解決問題的方法論。

不了解顧客的需求或不確定顧客依據哪些假設，究竟會有什麼危險？就拿我們履約的例子來說，如果週期時間漫長及交貨錯誤的問題和外界供應商沒有關係，而是因為顧客銷售流程順序不正確所致，那麼就算我們設計、設置一套公司內部的履約流程，照樣無法解決問題。因此最好找出問題的癥結，然後才繼續規劃如何創造可以解決問題的最終產出。

最終產出

當你們評估完畢顧客的需求之後，就可以確認最終產出，了解這個最終產出是否為顧客解決問題最理想的方案？如果不是的話，你必須回去找贊助人和顧客討論其他的選擇方案，並提出其他更適合解決這個問題的方案。

最終產出不是萬靈丹，它不會完全解決顧客的問題。不過，對問題而言，最終產生至少是個部分的解決方案（參考圖5-1）。顧客若要徹底解決問題，可能需要更多的專案，所以最後產出也不只一個。

雖然你得界定顧客面臨的問題，不過你並不負有解決問題的責任，你的責任在於創造可以滿足顧客的最終產出。然而，你起碼要稍微抒解顧客的問題，如果連這點都做不到，就算最終產出完全符合顧客的要求，顧客還是不太可能會對此感到滿

圖5-1 最終產出滿足需求

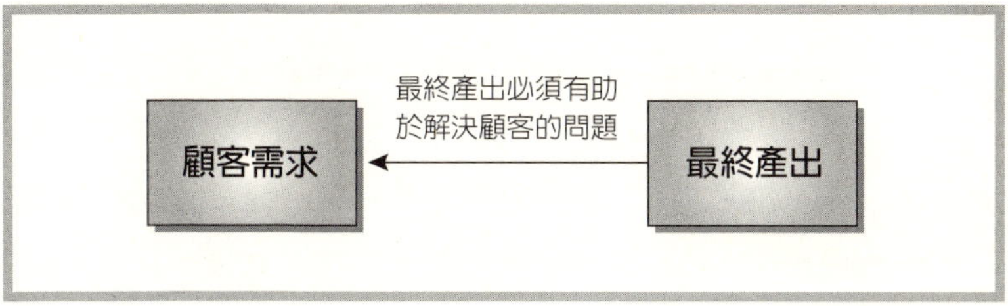

意。所以，請花些時間界定問題，進而確定你們的最終產出有助顧客解決問題。然後你們就可以進行下一個步驟，界定顧客在收到最終產出後會如何判斷他們的滿意程度。不管是何種專案，目標都是讓顧客滿意；當到達顧客滿意的標準〔也就是所謂的顧客接受標準（customer acceptance criteria）〕時，顧客就會覺得滿意。究竟該如何得知顧客對於最終產出的接受標準為何？只要開口問就可以了。

顧客接受標準

顧客接受標準，也就是顧客賴以評估他們是否滿意你所創造之最終產出的標準。由於專案的目的在於滿足顧客，所以要了解他們的滿意標準是很重要的。這些標準(可以簡稱為CAC)就是你們的專案目標。如果你達到這個目標，顧客就會覺得滿意。要是沒有這類標準，你們的專案就會缺乏明確的最終產出目標，而且問題會層出不窮（參考圖5-2）。

圖5-2　顧客接受標準是用來衡量最終產出

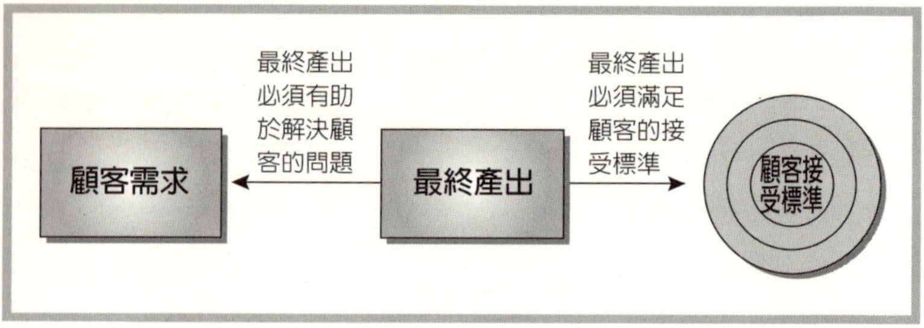

界定顧客接受標準最好的方法，就是和顧客進行訪談。請他們想像已經收到你提供的最終產出，並且已經開始運用。同時，請他們從這個最終產出當中，找出三、四個可以讓他們把這項最終產出評為滿意的主要績效特質。我們的履約經理肯恩所指出的特質當中，有一項是縮短週期時間。

如果顧客界定的標準是無法衡量的，那麼你們可以加以探索，了解有沒有評斷的辦法。肯恩解釋說，週期時間至少要少於四十八個小時才算短。這就是可以衡量的特質，我們可以這項標準做為努力的目標。如果說標準是「簡化履約流程」，則這樣的目標就不夠清楚。「從接單到出貨的時間不到六十分鐘」，這樣的標準就很明確。

顧客的要求條件

你們在對顧客進行訪談，了解他們的接受標準時，大可趁此機會確認、擴大顧客對於最終產出的條件。顧客對於最終產出的條件包括**特質**和**功能**兩大類。**特質**是指最終產出的實際特色，就以履約流程的例子來說，這包括了在所有庫存商品打上條碼。**功能**則是指最終產出可以發揮功能的行動或工作。再以履約流程的例子來說，這就是指會計程式上的庫存水準可以自動調整。

專案核准書裡應該列舉出顧客需求條件。現在則是擴大這些條件的時機。請顧客說明他們要求的所有特色，以及他們有興趣的每一項功能（參考表5-2），然後逐一記錄在便條紙上。在找出所有的特色和功能之後，請顧客把它們分為三大類：「必備」、「迫切需要」，以及「有的話更好」。這樣一來，你們可以把想要達到的顧客滿意程度分入這三大類。

接下來，進而查看、確定「必備」項目的特色和功能是否

表5-2　特色和功能分類

最終產出特色和功能分類	如何根據顧客滿意度提供特色和功能
必備	●最終產出必須符合CAC。 ●顧客對最終產出感到滿意。
迫切需要	●最終產出超過CAC。 ●顧客對於最終產出感到高興。
有的話很好	●通常沒有足夠的資源可以投入這類特色。不過，如果有的話，顧客會覺得很開心。

能和CAC配合，而且沒有遺漏任何的顧客需求條件（參考圖5-3）。然後檢查「迫切需要」的類別，判斷哪些（如果有的話）應該納入最終產出。不要忘了，最終產出的特色和功能清單攸關專案的資源條件，因之除非有資金，才能增加想要的特色和功能。然後，當你們準備好實際設計最終產出時，得深入探討這些條件（把它們轉為技術性的規格）；不過現在你們需要做的，就是設計正確的計畫，並對最終產出設定務實的期望。

圖5-3 顧客的要求條件及最終產出

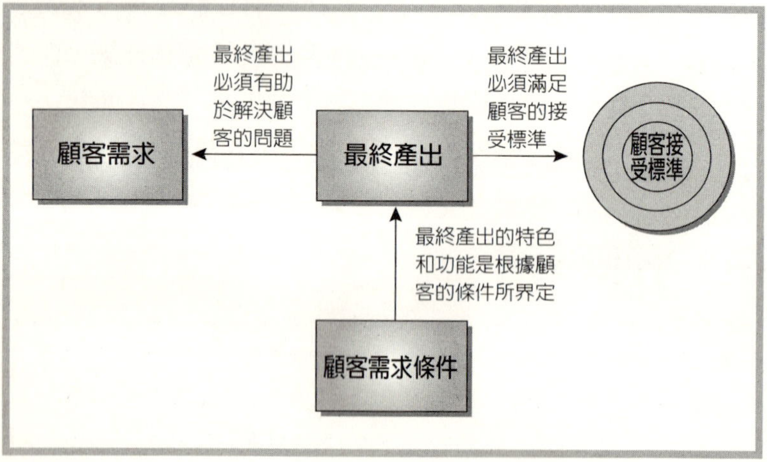

範疇說明

在界定顧客的條件之後，就可以著手撰寫最終產出的說明，這就叫做「範疇說明」。範疇說明的目的，在於充分說明會產出什麼，好讓顧客一看就可以說：「是的，這正是我要的。」或是：「不對，你這兒漏掉一些東西。」範疇說明是一種溝通的工具，可以確定你們生產的成果正是顧客和贊助人希望你創造的東西。

範疇說明可能只有幾行文字而已。你們可以附上條件清單，藉此說明最終產出會包括哪些特色和功能。如果圖表有助於最終產出的說明，那就請你加上。只要是有助於溝通最終產出的東西，都可以在此派上用場。

在此假設你的任務是為你們公司最近成功推出的某個新產品線舉辦慶祝活動。那麼最終產出就是為受邀員工和來賓舉行的晚宴／派對。這個專案的範疇說明可能如下：

> 產品上市的慶祝活動將於九月十五日在木蘭農場舉行，屆時受邀來賓不會超過一百人（員工及主要的供應商）。他們可以自行邀請客人。所以，總出席人數會在兩百人以內。這項慶祝活動將在晚上七點開始，先在戶外接待來賓，接著在室內提供外燴晚餐。晚餐之後將有三十分鐘的演講活動，然後由專為社交舞伴奏的樂團提供晚間的娛樂節目。這場晚宴／派對將在晚上十二點結束。來賓請穿著商業套裝，舞台裝飾將是以……的風格。

範疇說明接著繼續往下敘述，說明與最終產出（晚宴／舞會）相關的重要特色和功能。這項專案的顧客（行銷部門副總裁）將會審閱範疇說明，以確定專案的規劃沒有偏離正軌。

範疇疆界

在說明最終產出之後，必須明確界定專案範疇當中包括了什麼，以及沒有包括什麼，這也就是專案的範疇疆界（參考圖5-4）。對範疇疆界加以界定，可以避免人們對於包括在專案之內的內容感到困惑，讓你們可以更加順利地達成滿足顧客的目標。

圖5-4 專案範疇之內的工作

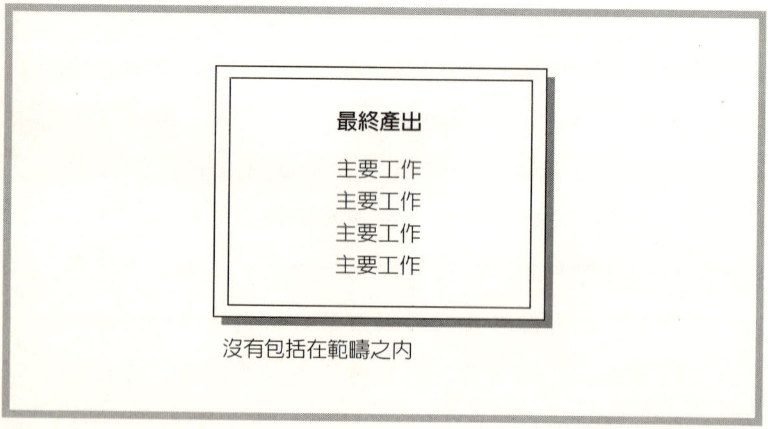

在界定範疇疆界時，請在一張長條紙上寫下最終產出的名稱，將這張紙貼在牆上，並在最終產出名稱的周圍畫上一個大

的長方形，這就是你們的範疇圍牆。在這個圍牆之內，列舉出最終產出所需的主要工作。譬如，在產品上市晚宴／舞會的專案裡，安排娛樂節目、聘請晚宴的外燴業者，以及邀請來賓，都是專案之內的主要工作。

接下來，只要是不屬於這個專案範疇之內的事物都可以列舉在圍牆的下方。在我們產品上市的專案裡，到晚宴／舞會現場的交通問題就屬於專案的範疇之外。

在界定好哪些屬於專案範疇之內、哪些則否之後，你們還需要考慮有沒有任何重疊的範疇（參考圖5-5）。筆者之一曾經從事過一項專案，負責重新設計某個昂貴的產品零件，以便降低製造成本。這個專案團隊辛苦了十八個月，好不容易達成這個目標。可是他們不知道的是，另外還有一個致力於降低產品

圖5-5 專案重疊的工作

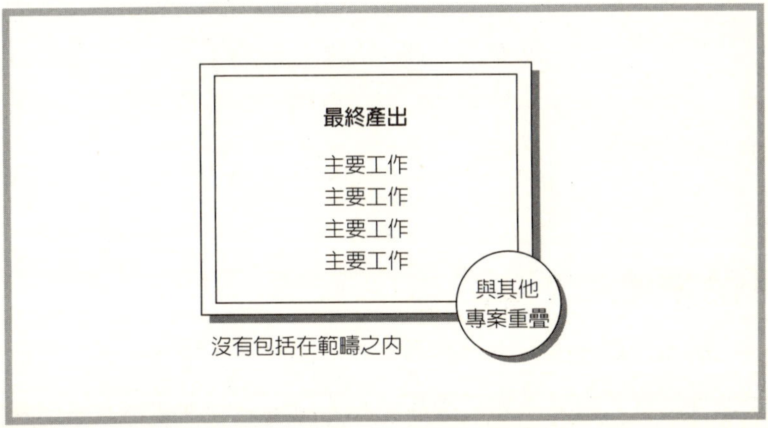

整體成本的專案團隊，他們最後竟然把這個昂貴的零件從產品設計中剔除了！所以，第一個專案團隊雖然達成目標——降低這個零件的成本——可是到頭來卻再也無關緊要了。這個零件已經成了歷史。請不要重蹈覆轍，要了解其他專案團隊在計畫些什麼，或是進度如何，有沒有可能會影響到你們專案的地方（你們的贊助人在此應該可以提供協助）。畫出一個圓圈，使它與你的範疇圍牆重疊，只要是和專案重疊的地方都可列舉在這個圓圈之中。

你們還得清楚說明專案的執行階段將於何時結束，範疇疆界的界定才算是大功告成。讓我們以產品上市晚宴／派對的專案來說，最終產出什麼時候完成？是晚上十二點當晚宴結束的時候嗎？打掃之後？還是在付清帳款之後？

至於履約專案什麼時候結束？這個問題的判斷就更加困難了。我們要在哪個時點上證明，專案流程的進行的確和當初的承諾一樣？是在第一回的試行之後嗎？還是第二回？試行一個禮拜之後嗎？這些問題沒有標準答案，可是重要的是，你們得從一開始就界定出這樣的終結點，好讓大家都清楚交付最終產出的確切時間。

利害關係人

誠如我們在講解專案核准書時所說，利害關係人就是指會因為專案受到影響的人或團體。利害關係人主要可以分為四大類：顧客、供應商、其他專案，以及其他團隊。「顧客利害關係人」是指會受到最終產出影響的人。這是因為顧客是最終產出的接收者。另外，團體也可能會受到最終產出的影響。譬如，最終產出可能改變工作進行的方式，或是可能增加工作量。所以，工會就是顧客利害關係人。

第二類的利害關係人是供應商，這些人（或是團體）在專案團隊之外，但是對專案提供支援。

至於第三類的利害關係人，只要是會受到你這個專案影響，或是會影響到你專案的其他專案都屬於這一類。這些專案應該列入範疇疆界圖中表示重疊的部分。

最後一類則是指會受到專案工作影響的其他團體，通常是和專案有關的人，譬如是為專案提供人力和／或資金的資源經理人。

做一張類似圖5-6的表格，其中列舉每一個利害關係團體、利害關係人的種類，以及他們會受到專案何種影響。請把其他的欄位留白。我們會在稍後的環節中填上這些空格。

內容與流程查核

在結束範疇說明之前，請先進行內容和流程的查核，藉此確定你們沒有遺漏任何部分。

- ❑ 你們可有找出最終產出應該協助解決的問題？

圖5-6 利害關係人表

利害關係人表					
利害關係人團體	利害關係人種類	受到專案什麼樣的影響？	主要的利害關係人？	團隊狀態	團隊成員聯絡員

- ❑ 最終產出有助顧客解決這個（這些）問題嗎？
- ❑「範疇說明」有沒有明確說明這個專案會創造些什麼？
- ❑ 大家對於專案成果有沒有共識？
- ❑ 你們有沒有掌握一份顧客需求條件的清單？
- ❑ 顧客接受標準是不是從顧客的觀點來寫的？這份標準是不是可以衡量的？
- ❑ 專案的終點有沒有清楚界定？
- ❑ 所有會受到專案影響的團體是不是都已經找出來了？所有會影響專案的團體是不是都找出來了？
- ❑ 有沒有找到任何有重疊之處的專案？
- ❑ 團隊是否積極參與專案範疇的界定？如果沒有，請說明理由。

專案計畫文件

現在，專案計畫中的範疇部分已經大功告成。專案計畫就是對外界說明專案將如何進行的文件。我們在討論規劃階段的各個環節時，將會說明專案計畫文件包含哪些要素。

專案計畫的範疇部分包括以下要素：

- 重新說明顧客需求的定義。
- 詳盡說明最終產出，包括其中的特色和功能。
- 如果可能的話，用可測量的方式說明顧客對於最終產出的接受標準。
- 範疇疆界的說明。
- 說明最終產出的終點。
- 列舉利害關係人，以及他們會受到專案何種影響。

專案計畫文件必須等到所有規劃活動都完成之後才能發布，但是當你們在進入下一個規劃階段之前，必須和贊助人、顧客，以及主要的利害關係人檢討範疇的部分，因為範疇是能否繼續進行的基礎所在。他們應該讓你知道，截至目前為止，專案的進行是否都還在正軌上，如果不是的話，他們會讓你知道需要做些調整，然後才能繼續往下進行其餘的部分。

第6章

組織專案

一旦界定清楚專案範疇之後，現在你們就可以開始思考如何完成任務。這就需要一些專案組織的功夫。

分解最終產出

組織專案的第一個步驟，就是把最終產出分解成可以管理的工作單位，也就是可以由單獨一人完成的工作。當這個工作單位（又稱為工作流程）完成時，會有一個產出（工作流程是指一套生產產出的步驟）。譬如，如果你們要在倉庫裡架設置物架，那麼這個「安置置物架」工作流程的產出就是「安置好的架子」。在專案裡，該產出稱為「中期產出」。每個中期產出都是一個工作單位的產出，且為下一個工作流程的投入要素，而下一個工作流程會產生另外一個中期產出，這個中期產出再投入下一個工作流程，一直到產生最終產出為止（參考圖6-1）。這是環環相扣的關係，此種互相依存的產出就稱為「投入／產出鏈」（input/outputchain）。以我們履約的例子來說，「安置好的架子」就是下個中期產出（完成的倉庫）的投入要素。

圖6-1 中期產出及工作流程

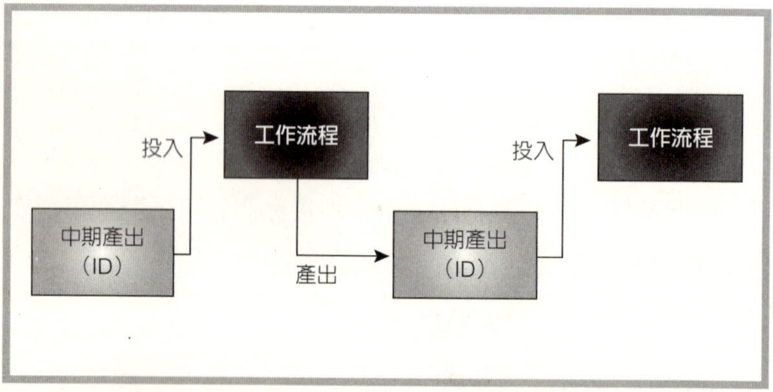

所以說，「中期產出」是前一段工作流程創造的產出，透過中期產出鏈，最後可以產生最終產出。如果這些工作到最後無法為你創造出最終產出，那你也用不著去做。你在專案裡所做的任何事情，到最後都應該有助於為顧客創造最終產出。

就拿建造房子來說，最終產出就是房子。中期產出包括挖掘區域、營建許可、地基、鷹架、內牆等等。這些產出中，每一個都是由某個人或一群人進行之工作流程所創造的，而且每個中期產出都攸關最終產出（顧客的房子）的創造。

把專案分解為中期產出之後，工作單位就變得可以管理。接下來，你可將這些工作單位分配給個別的團隊成員。可以管理的工作單位具有以下特色：

- 工作單位的規模不會太大，就算只有一個人也不會遺漏任何事情，能夠順利完成工作。
- 可以由一個人，或是一小群人進行。

中期產出的界定

界定中期產出最理想的辦法，就是和專案團隊進行腦力激盪。把最終產出的名稱寫在一張即可貼便條紙上，然後貼在牆壁上的海報紙或長條紙。接著請團隊成員寫下創造最終產出所需的每個中期產出名稱，把每個中期產出的名稱分別寫在便條紙上，然後貼在長條紙上。

建議：中期產出無須按照順序放置，因為下個步驟就是針對這些中期產出進行整理。

不要忘了，「產出」是指某個東西（這是一個名詞）、某個工作或活動（動詞、過去時態）的完成。「安裝好的架子」就是一個東西。「晚宴／舞會」則是一種完成的活動。

你們可能覺得有些中期產出似乎工作非常繁雜，這時候不妨把這些中期產出做進一步分解（參考圖6-2）。譬如，假設你

圖6-2 把最終產出分解為衆多的中期產出

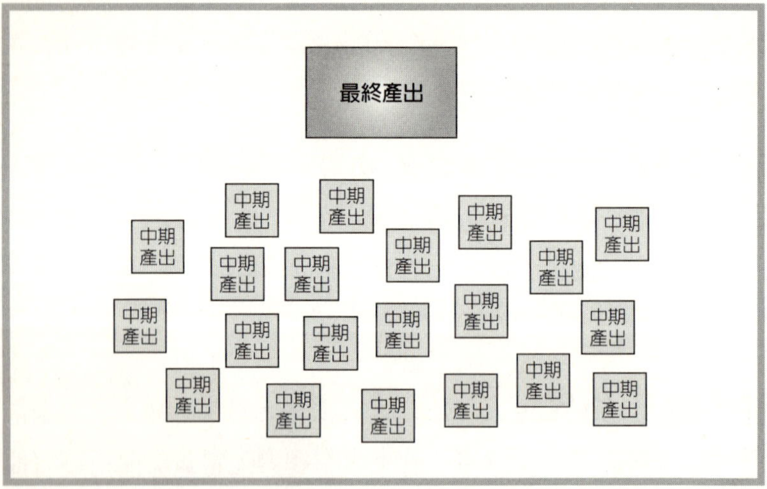

們專案的某個中期產出是擬定企劃案，你可以把它進一步分解為一系列的中期產出，譬如大綱、草稿、完稿，以及附有插圖的最終稿件。工作單位愈小，就愈容易管理。不過，如果工作單位太小，你們的專案計畫說明可能會過於細微末節。所以，要如何拿捏才能恰到好處？你們可以從經驗中學習，不過對於新手而言，中期產出安排得多總比安排得太少要來得好。

建立分支專案

一旦找出中期產出之後，便可為每個中期產出組織一個分支專案。如果各位還記得的話，分支專案就是主要專案裡，由某個團隊成員負責監督的分支部分。

如果是較為小型的專案，分支專案的工作是由主要專案團隊的成員進行。不過在比較大型的專案當中，分支專案可能需要一群人來進行，所以必須為分支專案分配一個團隊領導人，以監督分支專案團隊的工作進行狀況。分支專案團隊領導人是選自於主要專案團隊的成員，他不見得會自行從事分支專案的工作，這就和專案領導人不見得會親自處理主要專案事務的情況是一樣的。

基本上來說，分支專案團隊領導人的角色就和專案領導人是一樣的，只不過分支專案領導人領導的是分支專案，而專案領導人領導的是主要專案。分支專案領導人負責的是：確定他或她領導的團隊按照主要專案團隊的要求，順利完成分支專案工作。也就是說，分支專案領導人必須確定成員正確完成這些工作，但並不表示他或她必須親自處理這些工作。

分支專案團隊所依循的流程及大多數的活動都和主要專案一樣，以下列舉一般分支專案及主要專案團隊如何進行各項規劃活動的程序（表6-1）。

分支專案的界定

究竟該如何知道應該要有哪些分支專案呢？最好的辦法就是，將中期產出進行分類，把工作類型相似，或是需要類似技能的工作歸為一類（參考圖6-3）。只要移動前一個步驟中寫有

表6-1 分支專案的規劃

規劃活動	大型專案的規劃順序
範疇計畫	●對於範疇的定義是在主要專案的層次先加以定義，在專案組織完畢之後，才由分支專案對其範疇加以定義。
風險評估	●分支專案通常先進行風險評估，然後將評估結果送交主要專案團隊，讓他們納入整體風險評估之中。
資源規劃——排程	●主要專案的進度表草擬完畢之後，由各個分支專案設計分支專案的進度表。這些進度表接下來交回主要專案，以便擬定最終的專案進度表（如果有必要的話）。
資源規劃——預算	●分支專案自行估計預算，然後彙整到主要專案的預算當中。

中期產出名稱的便條紙即可（中期產出的分類應該以水平方向進行，而不是垂直，這樣稍後在畫分支專案樹狀圖時會比較容易）。通常來說，以這種方式進行分類的結果，會和公司裡的部門或資源領域配合得很好，譬如行銷、設計、開發等等。每一類的中期產出自成一個分支專案。

建議：如果有些中期產出好像無法歸類，也無須擔心。我們很快就會處理這個問題。

接下來，為每一類或每個分支專案命名。分支專案的名稱應該簡短，頂多兩、三個字，而且應該摘要說明該分支專案所需工作的類型，譬如，行銷、設計，以及工程都是產品開發分

圖6-3 把中期產出分類為分支專案

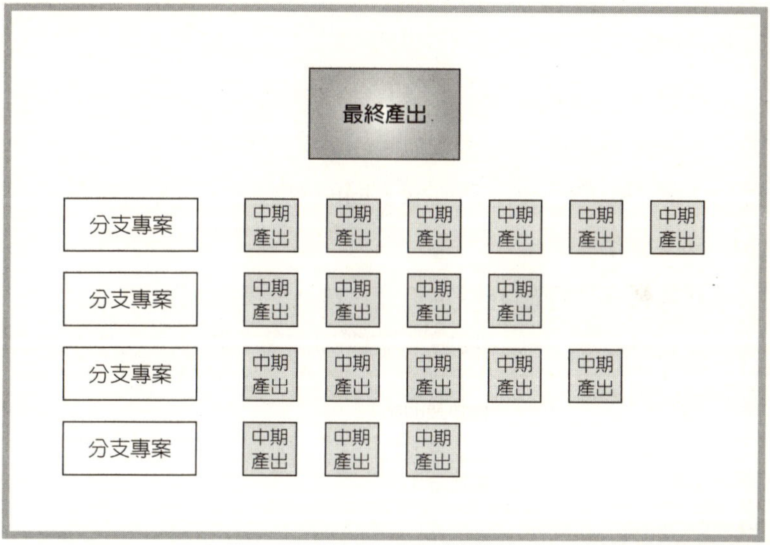

支專案常見的名稱。分支專案命名之後，如果還有些尚未歸類的中期產出，則可以檢查看看是否能歸類到現有的分支專案。如果不能，則把它們統一放在名為「專案管理」的分支專案裡。除了這些剩餘的中期產出之外，這個分支專案還包括專案計畫以及終結報告之類專案管理流程的成果。這個名為「專案管理」的分支專案應由專案領導人負責。

把最終產出也歸於某個分支專案之中。這通常是由專案領導人負責，如果是這樣的話，就把最終產出放在「專案管理」的分支專案裡。不過，有時候最終產出其實是由分支專案之一所創造的。

檢討每個分支專案的中期產出，有沒有遺漏任何中期產出？如果有的話，請把它們加入適當的分支專案之中，確定你沒有任何重複之處。

備註：你們必須確定，沒有任何分支專案生產同樣的中期產出。如果某兩個分支專案從事同樣的中期產出工作，那麼你得把這個中期產出分解為兩個不同的產出，然後分別安排在適當的分支專案。

當你們完成產出的界定工作之後，為每一個產出編號。序號從第幾號開始，或是編號的順序如何並不重要，只要每個產出的號碼都不一樣就行了。

技能評估

在分解出分支專案，並將各個中期產出分配給這些分支專案之後，就可以對團隊成員重新進行評估，確定團隊具備完成分支專案所需的適當人選。如果專案規模小，創造產出所需的工作是由主要專案團隊成員進行的，那麼你得評估他們本身的技能以及完成工作所需的技能。這時候要問的問題包括：

- 有沒有任何中期產出是團隊成員力有未逮的？如果有的話，你需要招募具備哪種技能的人才？還是說可以透過外包獲得所需的技能？
- 有沒有任何分支專案好像跟你招募的團隊成員，或是跟你分配到的人才都無法配合？你們公司裡有沒有什麼人可能比較適合為這個分支專案創造所需的產出？

如果想要成功完成這個專案，你需要具備適當技能的人才來創造產出。現在你得判斷是否需要額外的協助，還是其他種類的協助。如果團隊裡的某個人並非完成工作最理想的人選，而自行決定下台一鞠躬，也沒什麼好丟臉的。其實正好相反。這樣做只會顯示這個人願意把專案的利益置於個人的利益之上。為每一個團隊成員分配一個分支專案，把負責人的名字寫在分支專案的名稱之下。

如果你手上的專案規模很大，底下有許多分支專案團隊，那麼各個分支專案領導人得負責評估需要具備哪些技能的人才，而且如果有需要的話，必須對團隊成員加以調整，才能為所需完成的工作找到最適合的人選。

評估利害關係人的代表性

除了要確定團隊當中具備完成工作所需的技能之外，你們還得確定所有的關鍵利害關係人在團隊裡都有適當的代表性。根據你們在規劃時已經完成的部分，檢視利害關係人表格裡的利害關係人清單，藉此進一步界定專案的範疇（參考圖6-4）。你們是不是已經找到所有的利害關係人？如果另外找到新的利害關係人，請把他們加入利害關係人清單。

圖6-4 利害關係人表格

利害關係人表					
利害關係人團體	利害關係人種類	受到專案什麼樣的影響？	主要的利害關係人？	小組狀態	團隊成員聯絡員

然後逐一判斷他或她是不是主要的利害關係人。主要的利害關係人是指會受到專案重大影響的人物或團體。包括以下：

- 專案顧客。
- 為專案提供投入要素的主要供應者。
- 為專案提供資源（通常是指人，有時候也指錢）的資源經理人。
- 如有其他專案在範疇部分有許多重疊之處，那麼這個專案的領導人也是一種利害關係人。
- 任何只要是會受到專案重大影響的人都算是利害關係人。

請針對表格裡每個利害關係人逐一檢核，找出主要的利害關係人。

現在，你們得為每個利害關係人判斷適合的代表方式。利害關係人在團隊裡的代表方式可分為以下這三種：

1. **一般的團隊成員**。利害關係人以一般團隊成員的方式參加團隊運作，也就是說，他們會參加專案全部的團隊會議，以及充分參與專案的規劃和監督工作。主要的利害關係人通常是以這種型態參與。
2. **特別的團隊成員**。他們會以特別成員的型態參與團隊運作，也就是說，只有當團隊需要他們的貢獻時，他們才會參加團隊會議。非主要利害關係人可以採用這種型態。
3. **不參加團隊運作**。指派某個團隊成員擔任和利害關係人之間的聯絡員，以便了解他們對於各項議題的意見，並讓他們了解專案進行的情況。這就叫做團隊成員聯絡員。不屬於以上兩種的利害關係人就可以採用這種型態。

有些團隊對於讓顧客加入感到遲疑。不過，讓顧客成為一般的團隊成員有以下好處：

- 讓顧客參與團隊運作，他或她更能夠接受團隊的決定。
- 顧客可以了解專案進行過程中採用各項抉擇的理由。
- 顧客可就專案進行過程中的任何需求和條件提供寶貴的貢獻。

如果你們有位技術專家，專案需要他的協助，但是你不想讓他成為固定的團隊成員，那麼採取特別成員的型態就是個好辦法。不適合第一類的主要供應者（甚至顧客）也都可以採取這種型態。

在擁有眾多分支團隊的大型專案當中，資源的領域通常是分配給分支專案領導人。這樣一來，分支專案領導人可以取得完成工作所需的資源，而資源領域在團隊也有其代表性。分支專案的領導人必須是固定的團隊成員，他們得負責確定其分支專案旁邊列舉的產出項目確實會在時間（這個部分我們還沒有討論）、預算（也尚未決定）限制之內完成。每個分支專案只能有一位領導人，請在分支專案的名稱下方寫下這個人的名字。

團隊成員的聯絡員

利害關係人之所以重要，是因為他們攸關專案的成敗，如果專案與計畫執行或某種設計工作有關的話，更是如此。利害關係人通常是你們安裝好流程或服務之後，必須負責這些流程或服務運作的人物。如果他們對於執行抱持抗拒的態度，可能意味著你和你們團隊先前好幾個月的心血與努力全部泡湯。譬如，假設你們重新設計一套商業流程，可是卻沒有讓商業流程的利害關係人參與團隊。當你們完成設計工作之後，這個商業流程的經理人就得負責執行，可是你們在重新設計的過程中卻沒有讓他們參與。你覺得他們對於新的改變會有多高的接受程度？人們通常不喜歡變化，特別不喜歡別人叫他們所做的改變。如果讓利害關係人參與專案的進行，可以讓你們省下許多力氣，免得日後頭疼。此處也是一樣，他們的參與有助於加強了解，讓他們對於專案的成敗產生捨我其誰的決心。

不是每個利害關係人都可以加入專案團隊，如果全部都可以加入的話，那麼專案團隊就會變得過於龐大、沈重。在利害關係人不是一定得加入的情況下，他們在團隊裡需要某個成員做為聯絡員，好讓他們知道團隊進行的狀況，並將他們的意見和貢獻傳回團隊（這個聯絡員的角色必須是固定的團隊成員）。

在利害關係人表格上方，將每個利害關係人在專案團隊的參與狀態（固定成員、特別型態，或是完全不參加）加以記錄。如果利害關係人不想加入團隊，則將團隊裡的聯絡員名字記錄在該表格的最後一欄裡。

調整團隊成員

現在你們應該已經有一份專案團隊的完整名單，當中列舉固定及特別情況下參與的成員。如果這份清單和你們最初的團隊組成情況不同，則你必須獲得贊助人的同意，如果有任何資源經理人會受到影響，你也必須尋求他們的認同，才能對團隊成員進行調整。你可以提供你所做的分析——這項專案要完成的產出、技能評估，以及利害關係人表格——以便對他們解釋需要對團隊進行調整的原因。

分支專案樹狀圖

只要照著書中說明按部就班地組織專案，基本上你們已經完成專案的組織圖，而這也就是所謂的分支專案樹狀圖（參考圖6-5）。分支專案樹是以圖形的方式顯示如何組織專案（說明有哪些分支專案）、每個分支專案會創造些什麼，以及會由誰來負責。

主幹畫在分支專案的左邊，在上方寫下專案的名稱。然後

圖6-5 分支專案樹狀圖

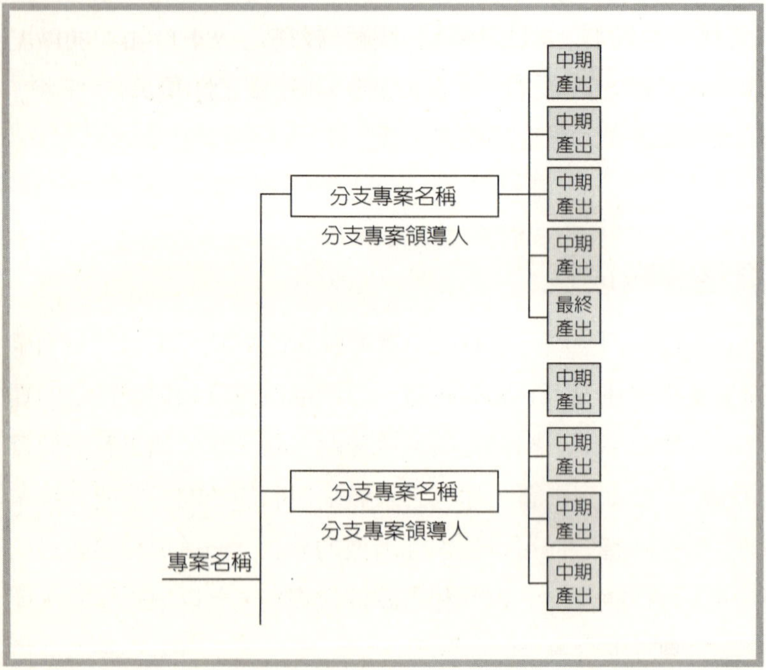

畫出代表分支專案的樹枝，並在這些樹枝下方寫下各個分支專案負責人的名字。

從各個分支專案樹枝畫出分枝代表產出（中期或是最終）。重新檢查一遍，確定沒有遺漏，或是重複任何產出。

建議：產出之所以不能重複，是因為產出放置的位置代表這是應該由誰負責。參與創造產出的人數就算不止一人，可是負責人的人數絕對不能超過一個，這是講究責任歸屬的關鍵原則。

你們畫出來的分支專案樹應該看起來像個組織圖，而這也正是如此——專案的組織圖。圖中顯示各個分支專案會完成哪些工作。有時候，這也稱為工作結構分解（work breakdown structure, WBS）。不過，典型的WBS和樹圖之間還是有一點不同：WBS通常是顯示所有的活動，而不只是產出而已，所以內容非常詳細，但卻過於複雜。因為CORE PM法的重點在於產出，所以我們無須把所有的工作或活動列舉在樹圖上。

然而，大型專案的各個分支專案領導人會畫出他們自己的樹狀圖（參考圖6-6）。這時候就可以延伸多幾層的枝幹，並加上完成這些產出所需的活動，甚至寫上各項活動的負責人。

建議：自此我們要把「職責」和「責任」劃分開來。如果某件事情是你的職責，你必須確定這件工作的完成無誤。如果你負責某個工作，則是說自己做自己的工作。

備註：請記住，分支專案樹的分解圖不會顯示各項產出的順序，也不會顯示創造這些產出的時間，或是彼此之間的依存

圖6-6　分支專案的樹狀圖

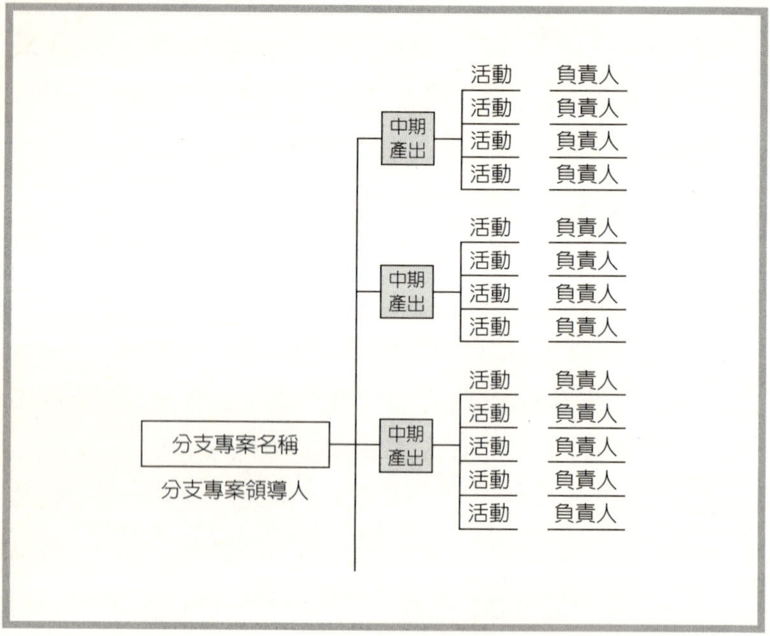

關係。我們稍後在擬定產出進度表時會對此加以說明。

團隊的賦權

組織專案、分配各個分支專案和產出的職責，是一種賦權團隊的活動。這樣一來，你就不用監督每個人工作的細節，也可以順利完成任務。賦權的條件是，你必須願意釋出控制權。然而，不是說指派某個產出負責人之後，只要祈禱他們可以順利完成任務就行了，成功的團隊賦權需要以下這幾點條件的配合：

- 團隊成員參與專案的規劃和監督。
- 每個團隊成員都了解專案的全局——進行這項專案的理由和目的。
- 每個團隊成員都了解專案當中各個環節的依存關係——如何環環相扣（我們會在說明產出進度表時對此加以解釋）。
- 專案的焦點在於產出，各項產出的職責都有分配。這樣一來，團隊成員可以自行決定創造產出的最好方式。
- 團隊成員會固定對團隊報告進度狀態。
- 團隊擁有完成工作所需的資源，其中包括時間、金錢和人力（我們會在後面幾章說明資源規劃時探討這些議題）。

把專案的焦點放在產出上，而不是活動，專案團隊對於細節部分才能有適切的掌握，以免事事干預個別團隊成員，或是分支專案領導人的工作。此外，以產出為焦點還有以下這些好處：

- 產出是棒棒交接（hand-off）的，在這樣的情況下，專案協調的功夫特別重要，尤其是分支專案之間的協調。你們可以透過「產出」來辨別這些工作交接的關係。
- 每個產出都有完成日期，所以你們可以知道這些工作是否如期完成。

- 可以看出單一產出的成本。
- 關鍵性的中期產出可設有顧客接受標準。

這些標準是由產出的下一個顧客設定的，誠如我們先前說過的——投入／產出鏈裡的下一個人。產出的內部顧客通常是團隊成員之一，他會自行界定對於中期產出的條件及接受標準。內部顧客接受標準的設定不但有助於確保最終產出的品質，也能避免團隊做白工。

內容與流程查核

在進行風險評估之前，在此先就內容和流程加以查核，以確定沒有遺漏任何重點：

- ❑ 你們有沒有找出創造產出所需的所有關鍵技能？
- ❑ 是否找出所有的主要利害關係人？
- ❑ 每個利害關係人在團隊裡是否都有某種代表方式，有的是固定參與、有的則是在特別情況下參與，或是有某個成員做為聯絡員？
- ❑ 團隊有沒有參與把專案分解為各個分支專案的工作？
- ❑ 主要專案團隊的規模是不是可以管理的——也就是說成員人數不到十個人？
- ❑ 你是否隸屬於專案管理的分支專案？
- ❑ 專案的每個中期產出和最終產出各有所屬的分支專案負

責，而且沒有重複？

- ❑ 分支專案的所有中期產出是否都列舉在分支專案樹狀圖中？
- ❑ 職責是否分配給各個分支專案？而且每個分支專案都可以順利達成產出？
- ❑ 每個團隊成員是否都接受分配給他們的職責呢？

專案計畫文件

現在你們已經做好準備，可以把專案組織的資訊加入專案計畫之中。這時候最好在計畫之中加入分支專案樹狀圖，以便讓大家一目了然，了解這個專案是怎麼組織的（分支專案）、誰負責些什麼，以及各個分支專案會產出些什麼（中期產出）。

另外還要加上利害關係人表格，以便在檢討的時候可以對照表中事項，確定沒有遺漏任何利害關係人，而且每個利害關係人在團隊之中都有適切的代表。

你們已經完成專案計畫裡關於範疇和組織的部分，現在可以進而探索執行專案時可能碰到的問題，並且判斷如何避免這些問題的發生。這就是風險評估的步驟。

第7章
評估風險

你們可曾因為料想不到的事情而讓精心策劃的計劃毀於一旦？譬如，在產品問世的晚宴上，外燴師傅帶著食物來到會場之後，你才發現到這些食物只夠一百人享用，可是你請了兩百位客人。或是說，你在草坪上舉辦接待會時忽然下起雨來，可是沒有人想到要準備雨棚。這些風險其實都是可以避免的，如果你花些時間思考，如何將執行專案可能發生的意外盡量降到最低程度，活動可以辦得更為順利、更令人滿意。這種規劃的活動就稱為風險評估（risk assessment），有助於避免無謂的問題產生。

風險是指可能出現的問題。評估風險的目的，在於避免潛在可能的問題成真。在上述的外燴例子當中，你能如何避免類似的問題？你可以事先查核外燴業者的推薦函，確定他的確可靠。你也可以在活動前一晚和他核對，確定他做好萬全的準備。至於下雨的可能性呢？像天氣這類無法控制的因素，你要如何進行風險評估呢？你可以先預訂一個帳棚，然後看天氣預報了解有無這樣的需要。你也可以在室內舉行接待會。以下是幾個進行風險評估的例子——也就是預防，或是避免風險的方法。

評估風險的目的，在於盡量減少執行專案時可能出現的問題，譬如：

- 延誤。
- 重做。
- 追加成本。
- 頭痛和胃潰瘍。

風險的種類

風險有三種類型（參考表7-1）。

範疇風險（Scope risk）是指讓你無法達成高品質產出（也就是達到顧客可以接受的標準）的潛在問題。範疇風險也就是所謂的技術風險（technical risk），這包括了技術或技術能力的潛在問題。就拿上述晚宴的例子，準備的食物只夠一百人食用，可是實際的客人人數卻多達兩百人——這就是範疇的風險。因為與會人士如果餓了肚子，就不太可能會對這場活動的

表7-1　風險的類型

風險類型	說明
範疇風險	無法達到顧客可接受之標準的風險。這種風險又稱為技術風險。
進度風險	無法在截止時間之前達成產出的風險，特別是最後產出的最後期限。
成本風險	超支的風險。

結果感到滿意。

第二種類型則是進度風險（schedule risk），這是指無法準時達成最終產出的風險。有些範疇或技術風險也屬於進度風險。譬如，如果你要採用某種自己並不熟悉的新技術，結果可能無法順利且妥善地運用這種新的技術（範疇風險），而且學習新技術所需的時間可能超出當初的想像（進度風險）。

最後一種風險叫做成本風險（cost risk），也就是超出預算的風險。就拿上述晚宴的例子來說，賓客飲用的飲料數量超出當初預期，使得飲料方面的支出超出預算，這就屬於成本風險。

在我們稍後將會簡短討論的風險評估流程當中，各位可以同時發現到這三種風險，因此無須苦惱這些風險應該如何歸類。不過，了解這三種風險之間的差異還是有幫助的，這樣一來，你才能確定自己全部找出這三種風險的潛在問題。

基本的風險評估過程有三個階段，分別是：風險的判斷、分析，然後針對這些風險擬定對策（避免這些潛在問題成真的方法）。請在風險評估會議裡，針對這三個階段逐一進行討論。

風險評估會議

風險評估會議的成員人選很重要，不要光是邀請專案團隊成員，凡是可能協助你找出，或是發現潛在問題的人物都應該邀請參加。表7-2說明的是應該邀請參與這類會議的人物或團體。

專案團隊成員以外的人物對於風險評估會議有以下這樣的貢獻：

- 增加其他想法的來源。
- 充分發揮稀有資源的力量，特別是團隊需要、但是無法加入團隊的人物。
- 爭取大家對解決方案和對策的承諾和接受。
- 當場了解他們的顧慮，以便對症下藥。
- 從別人的經驗當中學習。
- 讓唱反調的人轉而支持，成為解決方案的助力。
- 讓大家更了解這個專案的需求和風險。
- 讓利害關係人更了解專案相關議題和挑戰。
- 讓詆毀者轉而成為支持者！

在你擬定與會人士的名單之前，請先保留足夠的空間，讓

表7-2　風險評估會議的與會者

風險類型	說明
專案團隊和領導人	團隊成員有助於找出風險，因為他們參與這個過程，對於減少風險及避免潛在問題成真所需採取的行動，具備捨我其誰的責任感。
贊助人和顧客	贊助人和顧客都是專案的重要關係人。如果他們協助找出潛在的風險，他們會覺得比較安心，因為所有可能發生的問題都已盡了最大努力預防。
其他利害關係人	其他的利害關係人包括資源或部門經理人、主要的供應商，以及任何會受到專案影響的人士。這些人物在專案當中都有其利益，所以如果讓他們參與會議，他們不但樂於貢獻想法，也會大力支持。
唱反調的人	這些人可能對你的專案抱持負面的態度。不過讓他們參與會議，一方面可以了解他們認為這個專案有哪些潛在的問題，說不定還能爭取到他們對這個專案的承諾。
技術專家	這些技術專家是指對你專案的技術層面略有了解的人物，他們能夠協助找出潛在的技術問題。
具備類似專案經驗的人物（也就是說擁有該專案所需的類似技術，或是服務過相同的客戶等等）	邀請過去也有類似專案經驗的人物參加會議。他們的經驗可能會很有幫助，特別是如果你還沒有為這些專案蒐集歷史性的資料。

每個人都可以坐得很舒適，而且可以輕鬆走動，因為大多數時候，大家得把手中的便條紙貼到牆壁上的長條紙或海報紙上。所以，準備好足夠的便條紙及奇異筆，接著就可以開始了。

階段一：找出風險所在

第一個階段是找出可能的風險，這是以腦力激盪的形式進行。請大家發揮想像力，想想看這個專案可能出現哪些問題。發給每個團隊成員一份即可貼的便條紙和奇異筆，請他們把想到的風險寫下來。接著在牆壁貼上一張長條紙，讓大家高聲說出他們想到的風險，把這些風險寫在便條紙上，然後把便條紙貼到這張長條紙上。這些動作都是大家一同進行的，不要輪流，每個人都應該一起腦力激盪。這種腦力激盪法就叫做「寫下！說出！貼上！」(Write it! Say it! Slap it!)。這種以團隊為基礎的學習工具也是採用「視覺」(即可貼的便條紙)、「聽覺」(說出！)，以及「動覺」(貼上！)(參考第三章對於學習風格的介紹)。

在進行腦力激盪的時候，請將以下原則謹記在心：

- 所有的構想都是好點子。
- 每一個點子都必須完整，不能只是一個字而已。因為如果只有一個字，你很容易轉瞬間就忘掉。
- 每個點子務必都要記錄下來，並且貼在紙上。最好採用即可貼的便條紙，可以貼在海報架或長條紙上。這樣大家可以輕易地移動這些便條紙的位置，而且大家都可以看到這些點子。
- 重複無所謂(有時候點子看起來似乎重複，不過在腦力激盪過後，你才發現到這其實是不同的點子)。

- 數量比較重要，而不是品質。
- 跳脫框架——瘋狂發揮創意。
- 不要批評。
- 不要停下來討論。
- 維繫這樣的動力。

當大家好像再也想不出點子時，請他們再提出最後十個。接著請大家想想看，他們的假設如果是錯誤的，會不會對這個專案造成問題。就拿先前提及的晚宴例子來說，如果有個假設是這樣的：從辦公室開車到木蘭農場五十英里的路程不會讓受邀賓客望而卻步。請問問自己這個問題：要是這個假設錯了呢？主要的受邀賓客可能因此而缺席；可是這場宴會的主要目的，就是感謝對新產品開發和推出有功的人士。所以，因為距離而不出席的問題就應該被視為這個專案的風險之一。

把團隊所做的各種假設記錄在一張紙上，然後問大家，如果這些假設成真的話會如何，進而思考這些風險會對專案造成什麼樣的問題。把這些問題或風險分別記錄在便條紙上，然後與其他經過腦力激盪想出來的風險放在一起。

階段二：分析風險

一旦找出專案進行過程中可能發生的問題之後，就可以加以界定，這些潛在問題可能發生的機率。如果真的發生了，這些問題可能對專案造成什麼樣的損害或影響。可能發生的機率就叫做「風險可能性」(risk probability)。至於可能造成的損害則叫做「風險影響」(risk impact)。

風險可能性

首先，以「零」、「低」、「中」，或是「高」的等級來評估風險發生的機率（參考表7-3）。

表7-3　風險可能性評等

可能性評等	代表意義
零	該風險不可能發生。
低（L）	這件事情發生的可能性介於1%～40%。
中（M）	這件事情發生的可能性介於41%～70%。
高（H）	這件事情發生的可能性介於71%～9%。

當你們對發生可能性的評等達成共識之後，把這個評等寫在便條紙的左下角。風險可能性為零的事情，表示我們認為不會發生，然後把這些歸類為「零風險」。

風險影響

接著請團隊就每個風險的影響力進行評估。把這個評等（從零、低、中到高）寫在便條紙的右下角。就拿晚宴的例子來說，食物不夠所有來賓食用的風險影響力高，但是這個風險發生的可能性低。零影響力的事情表示對專案不會造成影響。請把這些事情歸類為「零風險」（參考表7-4）。

表7-4 風險影響力的評估

可能性評等	代表意義
零	如果該風險發生，也不會對專案造成影響。所以其實不是真正的風險。
低	對於專案的影響力低，但是會被顧客或贊助人注意到。
中	對於專案的影響力不大，會導致團隊無法達到顧客接受標準、截止日期，或是超支預算。
高	對於專案的影響大，而且會危及或扼殺這項專案。

風險PI矩陣

在對每個風險都進行評估之後，最好進而加以組織，以便了解什麼事情會對專案構成最嚴重的風險。我們可將每個風險放到風險分析矩陣之內，也就是所謂的可能性／影響力矩陣（Probability/Impact matrix），簡稱為PI矩陣。請在長條紙上畫出九個方塊的格線，然後把垂直軸（或稱y軸）標為「可能性」，然後在水平軸（又稱x軸）標為「影響力」。然後在這些軸線上，如圖7-1寫上「低、中、高」的評等。

請注意，有些格子標為「低」。這是表示這些方格內的風險屬於低風險。可能性和影響力都是如此。落在「中」方格內

圖7-1 PI矩陣圖

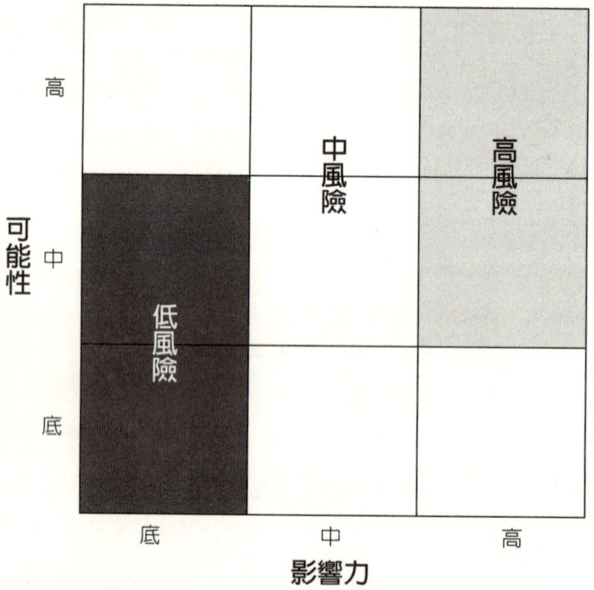

的風險則為中度風險。你們會發現到，有個標示「中」的方塊對應著中度可能性和高度影響力，不過這個風險的整體評等是「中等」。

請把格線裡所有的風險都標上序號，從右上方開始一直標到左下方。順序並不特別重要，重點是每個風險都有個獨一無二的編號，以便日後追蹤。

評估整體的風險

現在可以退一步看看格線上風險分布的情況，然後問團隊：「這個專案整體而言的風險有多高？」風險高？中？低？風險是不是集中在格線中的右上方？如果是這樣，這是個高風險的專案。還是集中在左下方？如果是這樣，則這是個低風險的專案。如果是集中在中間或是平均分布，則屬於中度風險（參考圖7-2）。

圖7-2　中度風險專案的PI矩陣圖

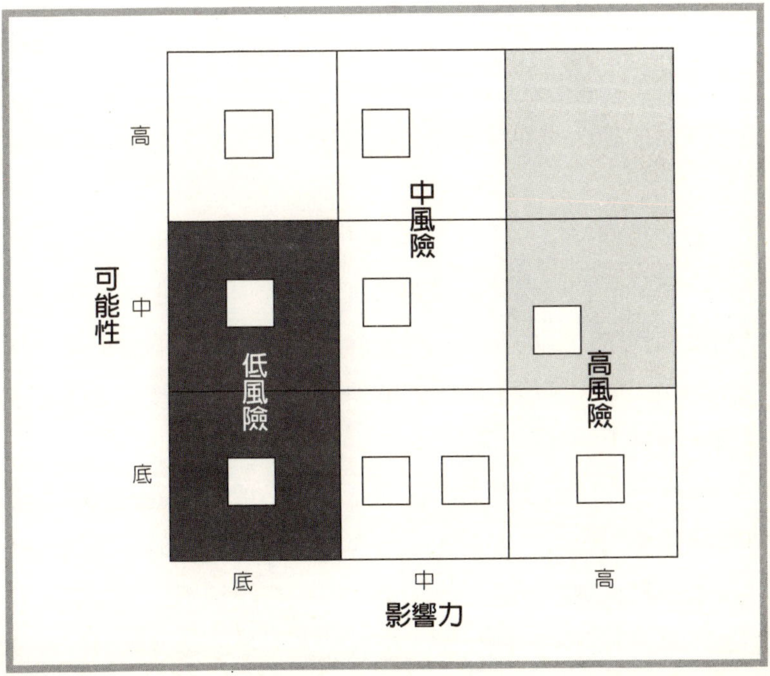

對於所有的專案而言，目標是零風險。因此，你的下一個步驟是，要採取哪些行動來降低風險。

階段三：開發及分析對策

針對位於矩陣中「中」或「高」的風險逐一進行腦力激盪，想出可以避免這些風險成真，或是可以降低風險可能性與／或風險影響力的辦法。譬如，針對食物不夠來賓食用的風險，腦力激盪出這些對策：晚宴開始之前四十八小時就與外燴業者開始安排（這樣做可以降低風險可能性），採用自助餐的形式（可以降低影響力）、訂購超過實際需求量的食物（這樣做可以降低可能性），以及準備多餘的飲料（降低影響力）。各位要注意的是，這些點子並非全然都很棒，只是目前你們只想到這些而已。

請把每個對策分別寫在便條紙上，然後貼在風險的便條紙上。把風險的代表標號記錄在寫有對策的便條紙上。然後逐一針對每個風險，腦力激盪出可能的對策。如果某個對策不只對一個風險有效，那麼把風險的號碼寫在紙上，然後在這些風險中找一個貼上。

當你們完成這個腦力激盪的流程，必須從中選出可以放在專案計畫中的對策。很顯然的，不會對專案造成額外時間負擔或成本的對策應該先選。接下來，只要是能夠應付多項風險的對策，以及主意很好的對策也應該加入。最後要選的是能夠讓風險從高或中降到低的對策。

建議：你們要確定的是，所選的對策可別到最後反而比原本想要抑制的風險造成更多的成本支出，或是耗費更多的時間。如果是這樣的話，讓問題發生還好過花錢施行解決方案。

你們所選的對策必須和專案核准書中的專案優先要務一致。也就是在範疇、進度或預算之間做出抉擇。如果最重要的是進度，那麼會耗費時間的對策就不要選用。如果最重要的是成本，那麼很顯然的，會增加成本的對策絕對不會是你們的第一選擇。

當你們在選擇對策的時候，也要從團隊內選擇負責的人選。把這個人的名字寫在記錄對策的便條紙上。

接著就這些對策針對的風險，重新評估其影響和可能性，然後把新的風險可能性和影響力記錄在舊的上方（以紅色的奇異筆記錄，這樣才能和舊有的紀錄一目了然）。然後在矩陣之內找出新可能性和影響力評等對應的方格，並將記有風險的便條紙貼在上頭（參考圖7-3）。

重新評估整體的風險

一旦選出對策，重新評估過風險的可能性和影響力之後，就得退而重新評估專案的整體風險。專案是否依然具備高度或中度的風險？如果這樣的話，你必須和專案的贊助人針對這個情況進行討論，了解他或她希望你如何克服風險。他或她說不

圖7-3 把新的風險機率和衝擊紀錄轉謄到矩陣裡

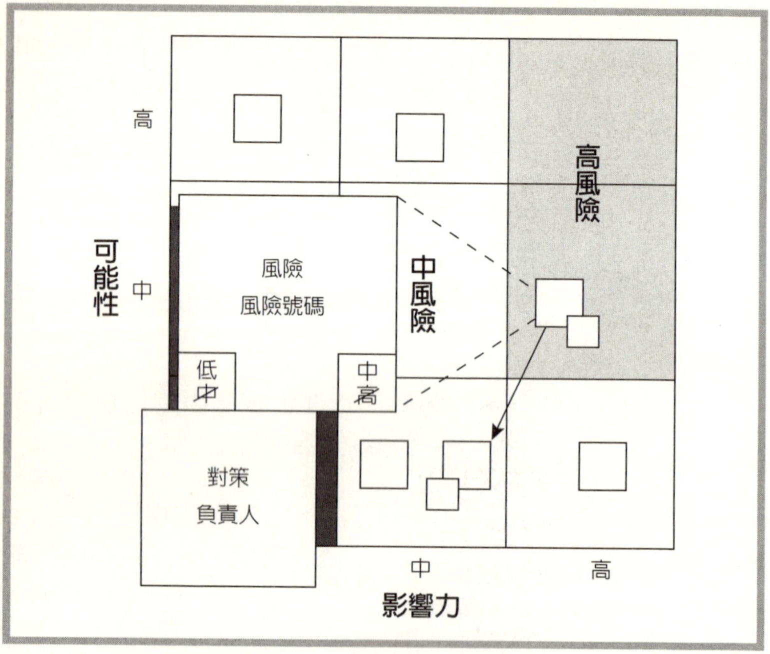

定可以接受具備中高度風險的專案。要不，贊助人說不定願意給你更多的時間或金錢，或是說調整專案的範疇，以便降低所涉及的風險程度。贊助人必須詢問顧客的意見之後，從這些選擇當中做出抉擇。

內容與流程查核

你們必須確定沒有遺漏任何事情，才能結束對風險的評估階段。

- ❑ 你們可有邀請技術專家、利害關係人、唱反調的人，以及團隊成員，共同參與評估風險的會議？
- ❑ 你們可有找出所有的風險？你們在進行風險評估的時候，可有外人在場，以便確定你們沒有遺漏任何事情？
- ❑ 你們可有刪除影響程度，或是可能性為零的風險？
- ❑ 你們可有進行腦力激盪，想出所有可能的對策？就算聽起來好像很瘋狂的點子也不放過？
- ❑ 你們是基於專案的輕重緩急來選擇對策嗎？
- ❑ 你們可有針對每個對策指派一位負責人？
- ❑ 你們整體的專案風險低嗎？如果不是的話，你們可有徵求贊助人的同意，花更多的資源或縮小專案的範疇，以便降低風險？或者是，贊助人同意接受較高的風險？

專案計畫文件

最後一個步驟就是把蒐集到的資訊記錄下來。在此最好是以風險評估這類簡單表格來記錄你們已經掌握的資訊（參考圖7-4）。

請寫下專案名稱及專案領導人的姓名。列舉專案最初的風險評比之後，據以想出對策。接著列舉這項專案最後的風險水準，以及你們想出來的對策。

圖7-4 風險評估表

風險評估表								
專案名稱：________				最初的風險評估：________				
專案領導人：________				最後的風險評估：________				
風險號碼	風險	可能性評估	影響力的評估	對策	包括的對策？	負責人	新的可能性評估	新的影響力評估

在這個表格上寫下風險號碼、風險名稱、最初發生的可能性及影響的程度。列舉出你們為了風險腦力激盪出來的對策，把你們當初沒有納入的也都記錄下來。接著，在你會採用的對策旁邊打勾，並且記下負責人的姓名，以確保有人監督這些對策順利執行。最後，根據對策的執行，寫下新的發生機率及影響程度。

恭喜！你們在此就完成了對風險的評估。

第8章

建立進度表

進度表（schedule）可以讓你知道需要完成哪些工作，以及各項工作的截止期限。大多數的專案都需要兩份不同的進度表：一份是里程碑進度表（milestone），另外一份是產出進度表（deliverables schedule）。里程碑進度表就好像距離一萬公尺來看專案，其中列舉這個專案十到十二個主要的成就，以及達成這些成就的日期。產出進度表則是距離十公尺來看專案，裡面會列舉專案將會達成的所有產出，以及達成的日期和產出之間彼此互依的關係。

里程碑進度表的目的在於凸顯進度表的主要元素，並且讓專案的利害關係人可以清楚了解。

產出進度表則有以下目的：

- 顯示每個產出的產出日期，以及由哪個分支專案產出。
- 計畫每個產出之間的互依關係。
- 顯示里程碑的日期。
- 在你進入專案的執行階段時，這份進度表可以讓你監督產出的進度。
- 從第一個產出到最後一個，逐一顯示技術流程（technical-process flow）。

技術流程是達成最終產出所需的一連串步驟（產出），也就是大家必須逐一完成的中間產出（我們先前討論過的投入／產出鏈）。

基本上，產出進度表就是一種生產流程圖（process-flow diagram），顯示每個產出是在何時創造出來，以及交由誰來繼續下一個步驟的產出。因為在產出進度表裡每個工作環環相扣的關係，每個產出應該在什麼時候完成都很明確。所以，產出進度表可說是各位在做專案計畫時最重要的元素之一。

注意：如果你們覺得專案團隊成員都已經知道技術流程，那可得再仔細想想看。產出進度流程的安排對於部分成員而言很可能是大開眼界，就算是經驗老道的人員往往也會很驚訝地發現，自己負責的部分在整個大局當中扮演什麼樣的角色。

建立里程碑及產出進度表的第一步，就是選擇里程碑的代表事件。

選擇里程碑的代表事件

你得納入的頭三個里程碑代表事件是階段門檻。這代表你們在專案管理流程當中的重大成就。第一個階段門檻——專案核准書，是在你們展開規劃階段之前就完成的，所以不算是一種里程碑。其他的階段門檻——專案規劃的完成（這是規劃階段的結束）、對顧客交出最終的產出（這代表執行階段的結束），以及終結報告的完成（這代表終結階段告終）——應該列入里程碑進度表中。

除此之外，在專案的執行階段，你還需要設定六到十個里程碑的達成日期。如果有階段門檻的話，就用這些即可（階段門檻是在技術流程裡的主要達成點。公司通常是以這些階段門檻做為是否繼續的決定依據）。否則的話，你們得選擇六到十個主要產出，各自代表主要的工作成就。所選擇的產出可能來自主要專案，也可能來自分支專案，只要是專案的重要產出即可。如果贊助人或顧客指明特定截止日期，那麼這個事件或產出就應該做為一種里程碑事件，因為顧客或贊助人之所以這樣指定，必然是認為這件事很重要，而里程碑進度表則應該反映最重要的產出。當你們在考慮應該設定哪些里程碑的時候，問問自己這個問題：「贊助人、顧客，以及其他主要的利害關係人看重的是哪些成就？」

所選的里程碑應該均勻分布在專案的執行階段上，如果里程碑全部都擠在執行階段的開頭或結尾，那麼利害關係人就無法判斷你的專案是否準時完成。這種情況會令人覺得缺乏安全感，進而想要干涉——這是大多數人都希望能夠避免的情況。里程碑均勻分配的做法，可以讓利害關係人在整個專案存續期間對於專案的管理狀況都覺得很放心，所以也比較沒有理由感到驚慌，更沒有干預的必要。

在選出里程碑事件之後，請在便條紙的中央寫上每個事件的名稱。如果贊助人或顧客指定某個里程碑的完成日期（譬如最終產出的截止日期），請將這個截止日期以紅筆寫在右下方（你們在建立產出進度表時就會用到這些便條紙，產出進度表就是接下來要介紹的主題）。如果沒有一個截止日期，則請留白。

接下來，團隊成員得準備產出進度會議。在準備這項會議時，每個團隊成員都應該準備便條紙，上頭寫好本身負責的產

圖8-1 把里程碑事件均勻安排在專案的時間軸上

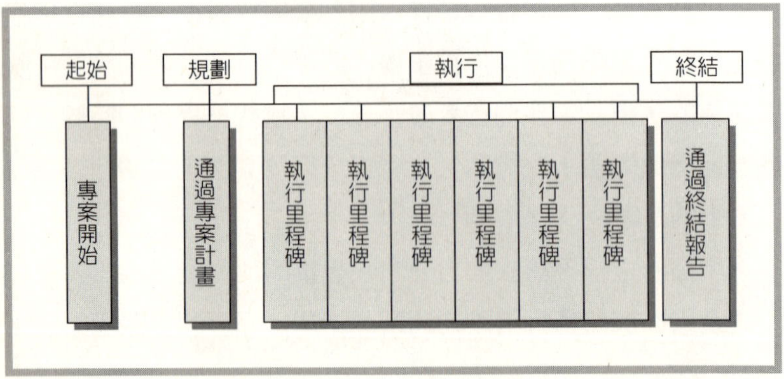

出，其中包括在風險評估會議裡派任給他們的對策。接著團隊成員應該進行估計，了解本身負責的產出或對策需要多少時間才能達成。

估計產出所需的人力

產出所需的工作時數或週數就稱為人力時間（staff-effort time），或是單稱人力（staff effort）即可。譬如，在晚餐／舞會的專案裡，擬定參與者名單所需的時間，即為產出的人力時間。假設人力時間估計為12小時或1日。當你在估計產出的人力時，你估計的是創造這個產出所需的實際時間。換句話說，假使你同時處理其他十件事情，或是在等待其他人提供資訊，這些並不能計算在內。人力時間指的是你為了這個產出所投入的實際時間量。

大多數人都不會全職投入專案工作，所以說，產出所需的行事時間（calendar time）會比人力時間長。好比說，你有一份固定的工作，另外還同時進行兩個專案，那麼你可能將一部分的上班時間（譬如20%）投入產出的生產上。產出的行事時間，或是擬定邀請人名單所需的期間則為7.5日（12小時或1.5日除以20%，等於以7.5日完成這項產出）。

除非你把全部的上班時間都投入在完成產出的工作上，而且你不用等待別人提供資訊。否則，你的產出期間一定會比人力時間長。你必須從事的專案和其他工作愈多，則產出的期間就愈長。

注意：期間（duration）應該是完成產出所需的工作天數、行事週數，或是行事月數。通常來說，五個工作天相當於一個行事週（calendar week）。

期間的估計應該是由負責完成產出的人，根據其本身與其他人的經驗來進行，如果先前有過類似的專案，也得參考相關的歷史數據。如果這項專案規模龐大，有許多分支專案，則每個分支專案的領導人都應該要求旗下成員估計其產出的期間。其實就和估計其他事情一樣，這同樣也是盡他們最大的力量猜測。當你們在估計個別產出的期間時，不要納入意外問題的附加因素[1]（fudge factor），這就是管理學的「墨菲定律」（Murphy Law）——「擔心發生的事，偏偏容易發生！」這個附加因素稱為意外（contingency），最好放在專案最末再來處理，而不是每個產出都要予以考慮。主要原因有二：

1. 如果你在每個產出都納入一個附加因素，結果反而會產生更多的意外。你雖然知道墨菲定律的存在，可是卻不知道它會在何時何地發生。如果不論何時何地都要考慮到附加因素，那結果反而會有更多的意外。
2. 如果產出期間納入意外時間的話，人們往往會把這段時間白白浪費。因為大家都很忙，所以通常不是在開始的日期

---

[1] 編註：計量經濟學用來預測的統計公式中，各種擾動變項（未來值）的估計值。

展開產出工作，而是等到截止日期迫在眉睫了才開始動手。如果你把意外考慮到產出所需的時間之內，而且你還延遲開始，那麼你已經把意外所需的緩衝時間給用掉了。要是墨菲定律真的說中，那麼你就會延遲進度，而且沒有緩衝時間可以處理臨時出現的意外問題。所以最好估計產出所需的正常時間，然後在專案進度表的最末安排一段時間，如果有問題發生，可以重新指派某個人去處理。

要求團隊成員在每個產出便條紙的底端記錄人力時間及期間，同時在便條紙的中心寫下產出的名稱及編號（從分支專案樹）（參考圖8-2）。

建議：以不同顏色的便條紙代表各個分支專案，這樣讓你在安排進度時，可以一眼就看出不同的產出。

圖8-2 **寫有產出的便條紙**

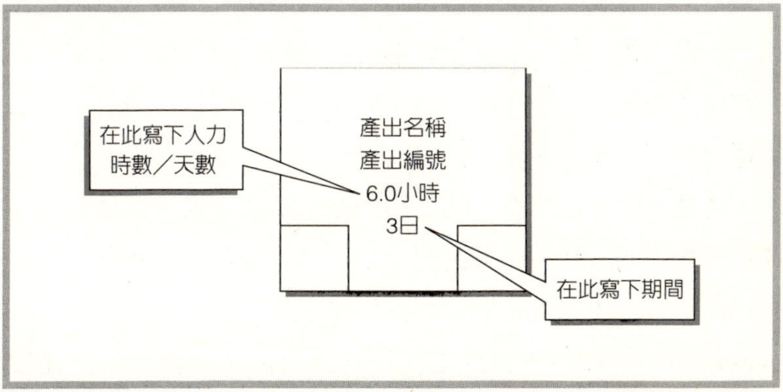

當人力時間及期間估計完成之後，你們就可以舉行產出進度會議。

畫進度表的格線

在準備產出進度會議時，請預約一間大的會議室，牆壁上要有足夠的空間。在牆壁上貼上一大張紙，長度至少有3公尺。劃出一個很大的格子，接著在格子底端寫上專案的時間軸（根據專案的長度，分為週、月、季）。

在格子左方，寫上分支專案的名稱。如果進度表很長，不妨在格子右方也寫上分支專案的名稱。接著，在每個分支專案之間劃上水平線（參考圖8-3）。

建議：請在各個分支專案留下足夠的空間，至少可以容納兩排的便條紙。

請將記有里程碑的便條紙（沿著底部的橫軸）貼在時間軸上適當的地方，表示里程碑可以完成的時點。如果里程碑設有截止日期，那麼就在便條紙底端以紅色的筆寫下截止日期，並且在截止日期寫下里程碑事件。如果你知道設定這個截止日期的理由，則多加一張便條紙加以解釋。

注意：以紅色筆寫下的里程碑截止日期，表示這是贊助人或顧客指定的日期，如果需要改變必須先獲得對方同意。如果是你自己設定的截止日期，則以鉛筆記錄，表示這是你自行設定的日期，所以在專案計畫獲得通過之前，你都可以改變日

圖8-3 進度表的格線

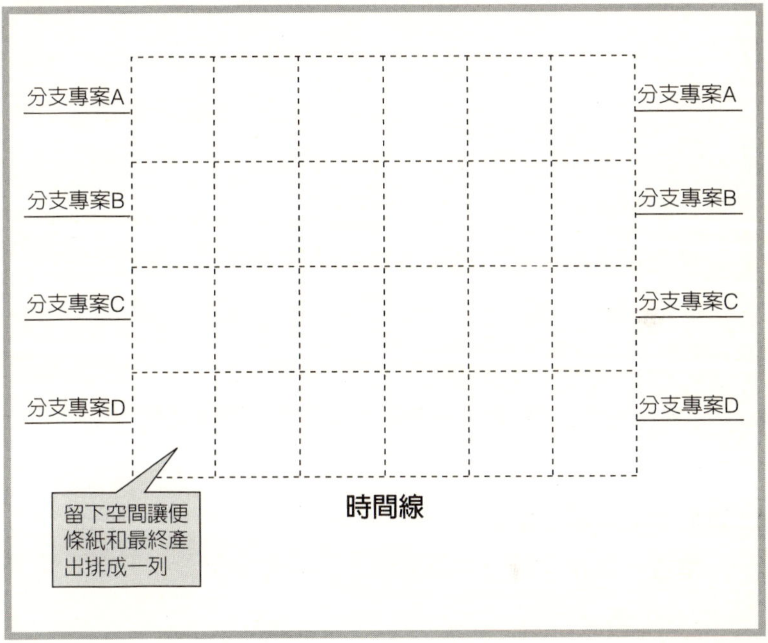

期，無須取得別人的同意。

請每個團隊成員把記錄自己負責產出的便條紙貼在泳道[2]（swim lane），根據產出可以完成的大約時點排列在時間軸上，這時候還不要在便條紙上寫下任何日期。

[2] 譯註：概念是將某類別活動的內容分配到其所屬的各個子物件，亦即不同物件有其所負責的動作，而泳道就是將這些物件及其負責活動予以區分的間隔線。

互依性的界定

首先你們必須界定各個產出之間的互依性——也就是先後順序，然後才能設定完成日期。先行要素（predecessor）是指做為下一個產出投入要素的產出，也就是下一個產出所仰賴的要素。譬如，以先前的晚宴／舞會專案為例，「印製邀請函」的產出必須完成之後，「寄出邀請函」的產出才能夠開始進行，所以這兩個產出之間存有互依性。其中，「印製邀請函」是「寄出邀請函」的先行要素。「寄出邀請函」得仰賴「印製邀請函」的完成，所以是後行要素（successor）。同一個產出的先行要素和後行要素可能不只一個（參考圖8-4）。

圖8-4 先行和後行要素

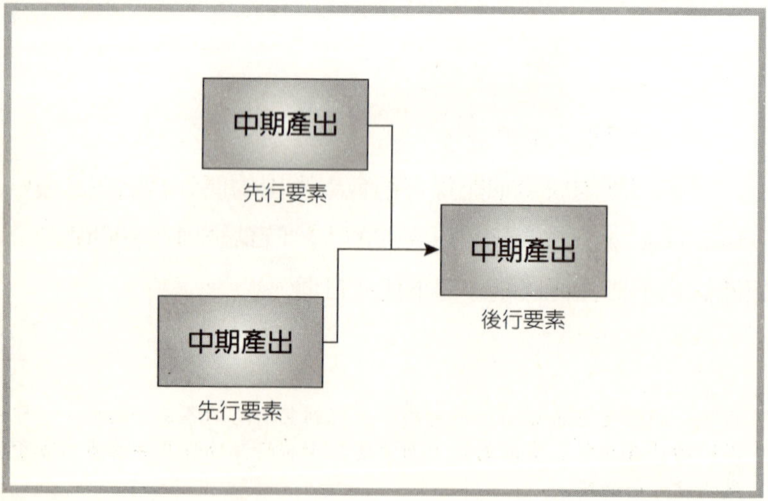

繪圖說明互依性

在設定產出的達成日期時，你得先為這個產出找出相關的先行和後行要素。首先，從最左邊的便條紙開始，這些是必須先完成的產出。對於每一個產出，你們必須先了解有沒有什麼先行要素得先完成才能著手進行。如果某個產出沒有任何先行要素，則可以根據以下原則計算所需的完成日期：

- 在便條紙的左下角寫下你打算開始創造這個產出的日期，這就是起始日（最好以鉛筆寫，這樣一來，當你排完進度之後，如果需要調整就很方便）。
- 在起始日加上期間（期間應該記錄在便條紙的底端、中央部分）。期間的寫法應該是以工作天數、週數，或是月數來表達。起始日期加上期間就是產出日期（delivery date）。
- 以鉛筆在右下角寫下產出日期。

當你為那些不需要先行要素的產出完成排程後，就可以針對需要完全仰賴這些先行要素的產出。為各個後行要素計算出起始日期及產出日期。起始日期通常是緊接著先行要素產出日期的日子。如果先行要素不只一個，則以最新的先行要素產出日期，計算後行產出的起始日期（參考圖8-5）。

每個產出都要套用以下做法：

- 找出所有的先行要素。
- 找出先行要素最新的產出日期。

圖8-5 產出日期的計算

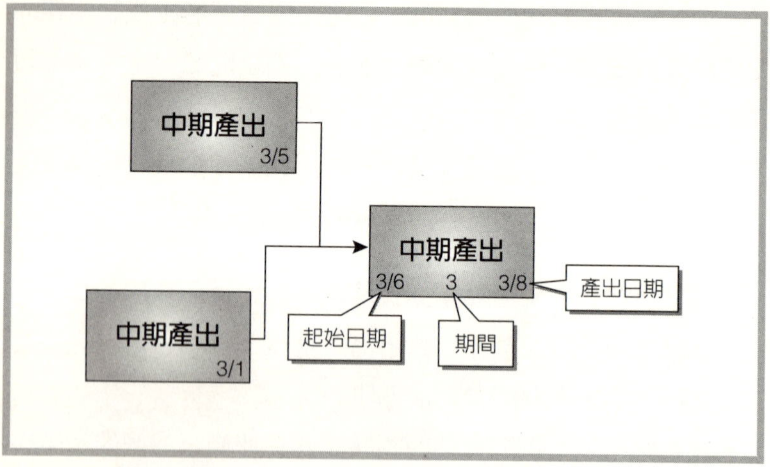

- 設定下一個產出的起始日期。如果可能的話，起始日期應該是緊接最後先行要素產出日期的那一天。查看個人的行事曆，譬如其他的專案、出差等等，了解是否能夠配合起始日期。
- 把期間和起始日期相加，就能得出產出日期。
- 根據產出日期將便條紙排成一列。
- 把產出日期記錄在便條紙的右下角。
- 從先行要素拉出箭頭指向後行要素。

在所有產出都排程完畢之後，回頭檢討這份進度表（參考圖8-6）。看看有沒有任何後行要素的產出。沒有顧客的產出必然有些問題：你可能根本不需要這樣的產出，也可能在流程圖

圖8-6 產出進度表

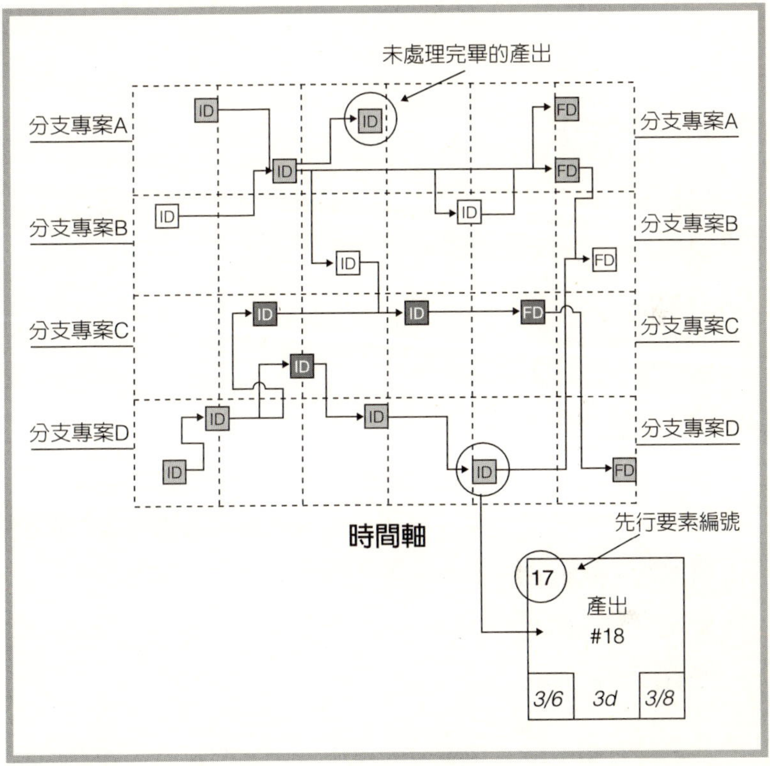

裡遺漏了後行要素。

請為沒有設定截止日期的里程碑記下完成日期。如果有的里程碑截止日期無法達成，那麼你必須：

- 徵詢贊助人的意見，了解這個里程碑截止日期有沒有轉圜的餘地。

- 如果這個截止日期無法調整，那麼你得重新修正進度表（稍後將會討論這個主題）。

手動法的好處

以長條紙張及便條紙建立進度表的方式有幾點好處，這是專案領導人坐在自己的電腦前，以任何軟體程式進行排程所比不上的：

- 團隊裡每一個人都參與排程。
- 團隊成員之間排程的衝突可以立刻獲得解決。
- 團隊裡每一個人都知道自己得仰賴誰，以及誰仰賴他們。
- 團隊成員都知道自己的進度，可以根據本身需要處理的其他事務，調整其產出之起始及產出日期。
- 團隊裡每一個人都了解全局，以及本身負責的工作在其中所扮演的角色。

不過，以便條紙進行排程的流程還是有個缺點：便條紙的長度都一樣，看起來好像每個產出的期間都一樣。如果你以繪圖的方式來呈現這個進度表，則可以輕易地克服這個缺點。你可以在便條紙周圍畫出長方形的框框，從起始日期一直畫到產出日期，以便看清楚每個產出的期間。這樣一來，你的進度表就成了甘特圖（Gantt chart）（參考圖8-7）。以色筆畫出這些長方形的框框，盡量務求正確。

圖8-7 甘特圖

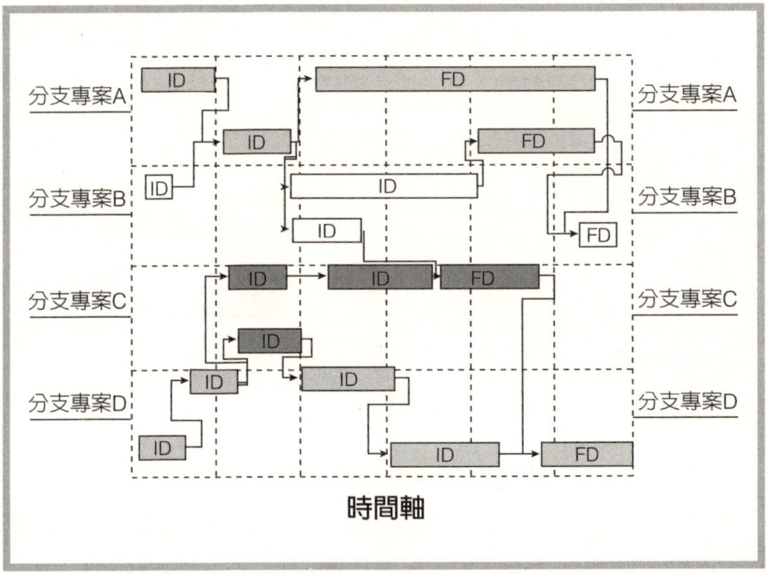

寬放時間

畫出甘特圖之後，你會發現有些產出中間沒有預留任何空間，有些產出之間則有。這樣的空間就叫做寬放時間（slack time）。寬放時間是指某個產出之產出日期和下個產出之起始日期之間的額外時間。這通常出現在擁有許多先行要素的產出上，後行要素得等到最後一個先行要素完成之後才能展開，所以在後行要素與一個、或是更多的先行要素之間產生寬放時間（參考圖8-8）。

圖8-8 寬放時間

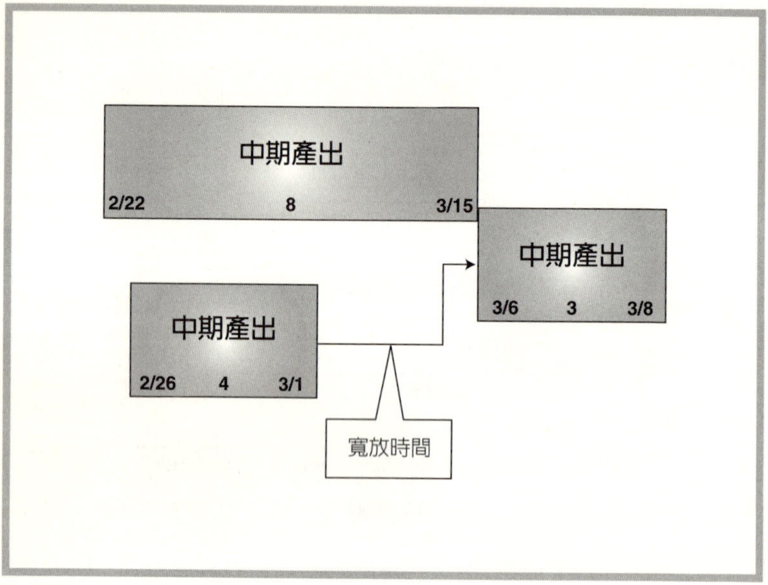

進度表裡的寬放時間表示，如果先行要素產出延誤（在前頭有寬放時間）的時間少於或是等於寬放時間，那麼後行要素還是可以準時展開。如果沒有寬放時間，那麼前一個產出的延誤就會導致後行產出延後展開。

從每一組的先行／後行產出中，圈選出沒有寬放時間的產出。

如果你沒有畫出進度表，也可以觀察每一組先行／後行要素之間的關係，把先行要素完成和後行要素展開之間沒有留有任何時間的圈選出來，藉此找出沒有寬放時間的產出。

找出要徑

貫穿整個進度表，沒有任何寬放時間的路徑就稱為要徑（critical path）。這是貫穿進度表最長的路徑，決定最終產出的產出日期。如果要徑上頭有任何一個產出延遲，那麼最終產出也會延誤。由於要徑上頭沒有寬放時間，除非縮短要徑，否則專案無法加速完成。

如果你得縮短進度，那麼首先必須找出要徑。如果你的產出進度表不會太過複雜，那麼可將先前圈選出沒有寬放時間的產出連結起來，然後追蹤出貫穿整個進度表的要徑（參考圖8-9）。這種做法有點像是走迷宮。

不過如果你的進度表很複雜，其中有過多的產出，很難以目測的方式找出要徑，那你就需要電腦排程程式的幫助。幾乎

圖8-9 找出要徑

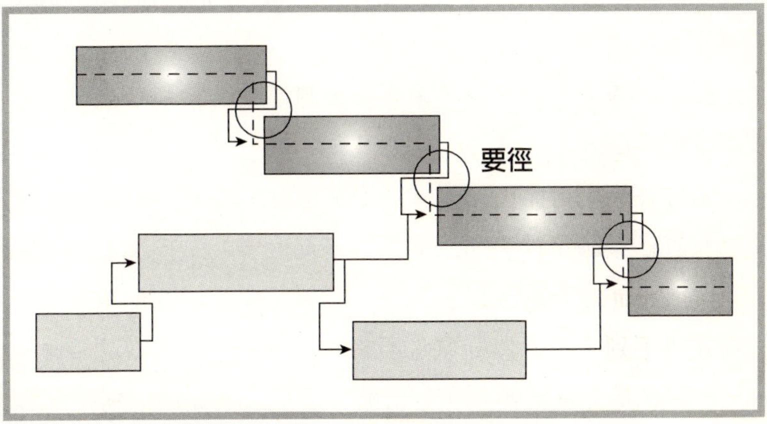

每一種專案管理排程程式都會為你找出要徑，只要在軟體程式裡輸入產出進度表的日期即可。你需要產出名稱〔這在軟體裡通常稱為「任務」(task)〕、期間、起始、產出日期，以及先行要素（如果你有期間和先行要素的話，大多數的電腦程式都會為你計算起始和產出日期，所以不妨只輸入期間和先行要素，看看所算出的起始和產出日期和你從排程會議裡所產生的是否相同）。輸入這些產出資訊之後，要徑就會在進度表上凸顯出來。

加入意外時間

專案在規劃上都有這麼一個問題：你無法預知未來，也無法徹底控制未來。如果可以的話，那麼專案的規劃就容易得多。可是問題是你不能，所以你在進行未來的規劃時也只能盡量力求正確。你對產出期間及進度相關風險的了解愈深，進度表就會愈正確。

此外，專案期間愈長，未來就愈難掌握。所以，進度表愈短就會愈正確。

當你在規劃專案的未來，或是試圖估計專案的期間時，難免會有許多不確定性，所以你應該在進度表的最後加上一些意外時間（contingency）以為因應。意外時間就如同保單一樣。你可能用不到，不過最好還是要有，當墨菲定律發威的時候，你才有足夠的時間因應，可以在截止日期之前完成任務。

至於需要多少意外時間才算夠，其實沒有一定的標準答案。這要看以下這些要素而定：

- 專案複雜的程度。專案愈是複雜，你就可能需要更多的意外時間。
- 專案的風險程度。風險程度愈高，你就需要愈多的意外時間。
- 專案的長度。專案長度愈長，就需要愈多的意外時間，因為未來的預測會愈來愈困難。
- 如果過去做過這類專案，則你需要的意外時間就比較少。如果這種專案對於專案團隊而言是嶄新的嘗試，那就需要比較多的意外時間。
- 專案團隊的經驗。專案團隊的經驗愈多，所做的估計就愈準確，所以所需的意外時間就愈少。
- 類似專案之歷史資料的正確度。如果資料正確，那你所做的估計就愈貼近現實，所以所需的意外時間就愈少。
- 配合廠商的可靠度。愈是不可靠，就需要愈多的意外時間。
- 必須和其他專案分享的資源多寡。這對專案期間的估計而言是個很大的不確定性，而且你的專案團隊成員很可能被調去處理其他專案。

多少的意外時間才算夠？沒有標準答案，除非你有不錯的歷史資料可以參考，否則最好多預留一些意外時間。

縮短進度

預留意外時間之後，進度如果會超過截止日期，那你得看看如何能夠縮短進度。並不是說你必須刪除意外時間，這種做法只會造成反效果而已。

在專案進行的某個時點，墨菲出擊只是早晚的問題，而你刪除了可以因應墨菲定律的預留時間，結果反而會因此延誤。

當你在考慮如何從專案進度表裡多擠出一些時間時，可以問問自己以下這些問題：

- 每個估計的期間是否都為了安全起見，而保留了一些緩衝時間？這些時間可不可以移到進度表的最末段？如果意外時間安排在整個進度的最末段，而不是預留在各個產出期間當中，那麼所需的意外時間總數會比較少。
- 依序進行的產出可不可以改成平行進行？
- 在先行要素完成之前，可不可以先展開產出裡的某些部分？
- 你能不能加入更多的人力或是資源，來縮短產出所需的期間？
- 能不能以電話或視訊會議來檢討表現的績效，而不是親自檢討或透過郵件？（績效的檢討需要耗費許多時間，所以把要徑上檢討工作所需的時間縮短，有助於縮短整個進度）。
- 如果你需要訂購設備，可不可以預先下訂單，好在廠商的店面預留一個空間？

- 能不能採用夜間快遞或頂級的交貨服務，用以縮短產出時間？
- 贊助人能不能移除主要資源的其他工作負擔，以便更快完成產出？

你們大可尋求贊助人幫助，或是徵詢他們的意見。拿產出進度表給贊助人，看看是否可以擠出多餘的時間。不過要注意的是，如果只是單方面縮短產出期間，最後只會產生不切實際的進度表，結果終究還是會耽誤截止日期。

排程的選擇

若實在無法在截止日期之前完成的話，那該怎麼辦呢？如果專案的優先要務將進度的重要性置於成本之上，那你或許可以用錢爭取一些時間，為專案增加一些資源，譬如延攬外界的顧問協助。如果進度的重要性在範疇之上，那麼縮小專案的範疇或許是個可行的選擇。大家先進行腦力激盪，想出可以縮小範疇的不同方案（假設你必須在截止日期之前完成專案，而且不能超過預算），接著對贊助人和顧客說明這些方案。這樣他們可以從中做出抉擇，決定專案的資源（時間和金錢）應該如何安排才能達到最好的效果。

當截止日期、成本，以及範疇之間的衝突獲得解決之後，里程碑進度表及產出進度表的設定就可以進入最後的階段。檢討你們的進度表，並且根據產出進度表的日期設定里程碑的日期。將每個產出的起始日期和產出日期以鉛筆記錄下來，重新以色筆畫出箭頭，以表示各個產出之間的互依關係。這樣一來，進度表就大功告成了。接下來，就可為專案建立預算了。

內容與流程查核

現在可以回頭進行檢討。以下幾點可讓各位迅速了解狀況：

- ❑ 進度表中有沒有包括克服風險的對策？
- ❑ 是不是每一個產出都有一個後行要素（流程裡的下一個產出）或產出顧客？進度表裡不應該存在任何沒有顧客的產出。
- ❑ 進度表是否切合實際？專案團隊是否覺得可以達成？
- ❑ 你有沒有在進度表最末段加上意外時間，而不是放在每一個產出期間裡？
- ❑ 意外時間是否反映出進度表相關的風險程度？
- ❑ 進度表是否顯示你可以在截止日期之前完成任務？如果不是的話，你可曾與贊助人討論過這個問題？
- ❑ 你的里程碑進度表已經完成且確定了嗎？

專案規劃文件

請將里程碑和產出進度表納入你的專案規劃文件之內。為了重複利用產出進度表，你們可將資料輸入軟體排程程式，然後印出長寬分別為28和22公分的進度表。

第9章

建立預算

說到這兒，整個規劃流程幾乎已經大功告成。你們已經界定了專案的範疇、完成風險評估、建立進度表，整個專案已經組織得井井有條。你知道誰該做些什麼，以及應該在什麼時間之前完成。現在該做的是建立預算，然後把預算整合到完整的專案計畫當中。

預算裡的成本基本上可以分成兩種：一種是公司內部的成本——譬如人們的時間、各個部門之間的交叉開支；另外一種則是公司外部的成本——譬如採購設備或服務的費用。

人力成本

所有的專案都會耗費財務資源，就算在公司外並沒有花到錢，不過從事專案工作的人員並不是免費工作，所以還是會產生內部開支。他們為了專案所付出的努力就叫做人力（staff effort），公司需要為此付出薪資、福利，以及固定開支。人力成本是專案主要的內部成本。

如果專案是針對內部顧客，公司會把專案的成本視為一種作生意的成本，因此往往忽略人力時間的成本。人力時間的成本是一種沈默成本，所以常常遭到忽略。管理階層應該先了解專案的總成本估計值，才能決定是否需要展開專案，所以不應該忽略這方面的人力成本。如果不知道這方面的成本，他們可能讓成本超過利益的專案過關。不過，要不要估計人力成本並不是你能夠決定的，這要看贊助人而定。

如果專案是針對外部顧客，公司通常會把人力時間的成本納入計算，因為人力時間獲得報酬，這項專案才能為公司獲取利潤。不過，不論專案針對的是內部顧客或外部顧客，計算人力成本的步驟都是一樣的。且讓我們一探究竟。

人力成本

人力成本是指員工為了專案所投入的工作成本。在計算人力成本時，你得先估計每個人為了創造本身負責之產出，必須耗費多少時間。看看產出進度表裡用來記錄產出的便條紙，只要把全部的人力時間加總起來，就可以得到產出人力的總和。

專案裡大多數的時間通常都是耗費在產出的創造上，不過還是需要撥出時間參加會議、解決問題、撰寫報告等等，這就叫做「專案管理人力」（project management staff effort）。

專案管理人力

專案管理人力是指計畫以及管理專案所需的時間。請每一個團隊成員估計自己需要多少時間才能完成專案管理的任務，譬如完成狀態報告、參加團隊會議、與利害關係人開會，從而估計每一個人或每一個分支專案所需的專案管理人力估計總值。接著把產出及專案管理人力的估計值加總起來，就是每一個人或分支專案的人力估計總值。

就算不是上司要求，仍對專案所需人力進行估計的好處是，如此一來有助於資源經理了解你需要他們的人投入多少時間。當資源經理簽署專案計畫文件時，就等於承諾提供文件中所需的資源，這樣他們才能為專案所需做好規劃。至少他們知道自己承諾了些什麼，而且簽署過文件之後，他們若想撤回資源的話也會比較困難。

當你蒐集到每個人付出的人力時間之後，就得了解每個人每小時、每天、每個禮拜，或是每個月的薪資水準。有時候各個工作職能的薪水各有不同，有時候則是整個部門都拿一樣的薪資。請向資源經理或會計部門索取正確的薪資資料。

接著把薪資乘以每個人的人力時間估計總值，就可以得到人力成本。

完成成本估計

除了人力成本之外，你可能還得估計一些其他的內部成本：

- 來自其他部門的交叉開支項目。
- 專案所有的固定支出項目。

除了內部成本之外，大多數的專案還會產生外部成本，也就是必須向外購買的人力或物品。就算沒有估計內部成本，大多數的專案都還是必須估計外部成本。

看過產出清單裡的每一個產出，然後問問自己這個問題：「有沒有什麼需要向外購買的東西，才能完成這個產出？」把需要向外購買的東西逐一記錄下來，然後估計成本。外部成本包括以下這些項目：

- 需要購買的設備。
- 外界的服務，譬如顧問的諮詢服務。
- 補給品。
- 出差。
- 運送。

把所有的外部成本加總起來，就是外部總成本。接著，如果你有估計內部成本，則把這兩個數字加起來，就可以得到成本估計總值。這也就是你的預算或支出估計值。接下來，你得評估這個估計值的正確程度。

估計值的精確度

估計值畢竟只是估計值。有些比較正確，有些則否。所以你必須告訴贊助人和其他的利害關係人，這些估計值到底有多精確。你可以提供準確度的評估，以及估計值的誤差區間。譬如，如果你是我的贊助人，而我說我對於晚宴／舞會的成本估計值為60萬元，則你預期這場晚宴／舞會的成本會是多少？60萬元。這個數字聽起來好像我非常確定這是個準確的估計值，可是事實上卻正好相反——這不過是猜測出來的數字而已。另外一方面，這也可能是根據歷史資料算出來的準確估計。除非提供準確度的評估參考，否則利害關係人不可能知道我們的估計值到底有多準確。

讓我們看看，有哪些要素會影響到估計值的準確度：

- 專案團隊成員的經驗。
- 過去你創造類似產出的次數。
- 有關人力之歷史數據的準確度（假設有歷史數據的話），以及其對你專案的可應用程度。
- 專案的長度（專案的長度愈長，估計值的準確度就愈低）。

根據以上這些要素，將估計值的準確度評為高（H）、中

（M），或是低（L）。

在你們評估過準確度之後，為支出的估計值加上一個區間（加上和減去一個數字），以反映估計值的準確度。這個區間的意思是，由於估計值存有許多不確定性，我們可能高估也可能低估，不過我們非常確定的是，最後的估計值一定會落在這個區間之內。

在你們為估計值加上正負區間時，請參考以下建議：

- 如果你評估估計值的準確度很高，那麼可以加減10%的區間（從估計值減去10%，然後對總估計值加上10%，就可以得到這個區間的數字）。
- 如果準確度屬於中等，則可以加減25%。
- 如果準確度低，則可以加減50%或是更多。

這些數字只是提供各位使用多少區間的參考，並非一定要全部套用。

回到我們晚宴／舞會的估計值，我的估計是60萬元，我認為這個估計值的準確度屬於中等。現在，如果我為這個估計值加上一個區間，給你從45萬元到75萬元的區間，你會不會比較清楚這個專案可能需要多少成本？答案是肯定的。45萬元到75萬元的區間會不會比60萬元這個數字更能夠掌握到最後實際的支出？當然了。

以區間的方式來表達你對支出的估計，可以：

- 更為準確地說明這個專案可能的成本開支。
- 避免這個專案日後出現任何意外。
- 管理利害關係人對於開支的預期。
- 將風險的意外納入考慮。

實際估計值與區間較高數字之間的差距，讓你在意外發生時還有經費可以因應。換句話說，就算墨菲出現，你照樣可以在預算之內完成任務。這就和在進度表裡預留一些意外時間、在預算裡預留意外經費一樣重要。未來是無法精確預測的，所以你在估計成本時得將此納入考量。

一旦計算出成本區間之後，你得將區間的最高數字與專案核准書裡的經費上限進行比較。如果支出區間的最高數字低於支出上限，那麼估計支出的工作就大功告成。不過如果最高數字超過支出上限，那麼你得：

- 回頭檢查你的計算過程，看看計算所依據的假設和方式是否正確無誤。
- 和贊助人一同商量，看看支出上限有沒有可以折衷的地方。如果成本是這項專案最優先的考量，那麼支出上限不太可能會有什麼商量的餘地。不過如果這項專案最不重視的就是成本，那你說不定能談出一些結果。
- 如果支出上限無法更改的話，你就得想辦法降低成本。通常不脫以下三種辦法：把外部人力轉為內部（如果外部成本值得重視的話）。如果克服風險的對策需要耗費比較多的經費，可以考慮予以刪除，只不過你得因此忍受比較高的風險。最後一個辦法則是縮小專案的範疇。問問贊助人最希望你採取哪個方案，或是提供贊助人幾個不同的方案供他選擇。譬如，「我們可以把最終產出的範疇縮小到X，或是說我們可以把這些對策刪除掉，雖然得因此接受比較高的風險，但是可以節省Y；或是我們可以增加Z人力時間，以節省Y的外部成本」。

請先進行核對，確定自己沒有遺漏任何事情之後，才把結果記錄下來。

內容與流程查核

- ❑ 你有沒有問贊助人，是否需要估計內部成本？
- ❑ 你有沒有把專案管理時間納入人力的估計之內？
- ❑ 你有沒有估計所有與你專案相關的外部成本？
- ❑ 你有沒有評估支出估計值的準確度，以及計算出一個區間？
- ❑ 你有沒有獲得團隊成員對於估計值的共識？
- ❑ 你所算出的區間最高數字是否落在支出上限之內？如果不是的話，你的贊助人照樣同意你繼續進行嗎？還是說他會調升支出上限？

專案計畫文件

各位可以填寫圖9-1的支出估計表格，來記錄你們對於專案支出的估計。請在表中填入支出總額、你們對於估計值準確度的評估和區間，以及說明為什麼做出這樣的評估。這些資料可以讓利害關係人了解你是怎麼算出這些數字的，以及為什麼實際支出金額可能會有差異。在專案進行到尾聲的時候，這份表格也可以提醒你，當初是基於哪些假設來做出這些估計的。

如果你們無須估計內部成本，那麼上面那一欄可以留白。當你們在整合專案計畫文件時，請將這份表格的資訊納入。

圖9-1 支出估計表格

支出估計表格	
專案名稱： 專案贊助人：	
支出總類	成本
內部成本	
說明內部支出的成本，其中包括人力成本。	
如果公司不須計算內部成本的話，可以略過	
這個部分。	
總額：	
外部成本	
列舉需要花錢向外取得的項目，這些支出項目	
通常需要下訂單。	
總額：	
內部和外部總額：	
準確度評估*：	評估估計值的準確度。
區間：	根據你對準確度的評估，對估計總額提供一個區間。
總成本支出上限：	如果贊助人對專案支出設有上限，請在此寫下數字。
* 寫下你對準確度評估結果的理由：	

第10章
專案計畫的整合

恭喜！現在你們已經完成專案規劃，可以將整個計畫整合起來了。專案計畫就是規劃階段的成果，這裡掌握了專案團隊彙整的資訊，並且列舉應該如何執行這項專案。如果專案核准書代表的是賦予專案的期望和希望，那麼專案計畫就是代表專案的現實面。所以說，你們應該以這份計畫做為執行的依據。

如果你們在規劃階段確實依據我們的指示，讓團隊成員和關鍵的利害關係人參與規劃，那麼這份專案計畫獲得通過的過程應該不會有太多的意外。不過如果你是獨力完成，那這時候要讓大家接受會比較困難。

現在且讓我們複習CORE PM法，了解各個部分是如何彼此配合的，然後再討論計畫文件的部分。

範疇計畫

範疇計畫會說明這個專案將為顧客創造些什麼。一開始是最終產出的說明，其中包括其功能和特色；接著則是和顧客一同界定他們能夠接受的標準。這些顧客的接受標準（Customer acceptance criteria, CAC）也就是專案的目標，最終產出必須能夠符合CAC才行。CAC是顧客對於最終產出成功的定義，專案團隊可藉此了解專案是否朝著成功的方向進行。最終產出必須有助於顧客滿足需求或是解決問題——而這也正是促使專案成軍的動力。

你們也會界定範疇的界線——也就是說專案裡包括及沒有包括什麼——哪些地方會有重疊，以及專案什麼時候會結束（參考圖10-1）。最後則是列舉出利害關係人的清單。

圖10-1 範疇計畫

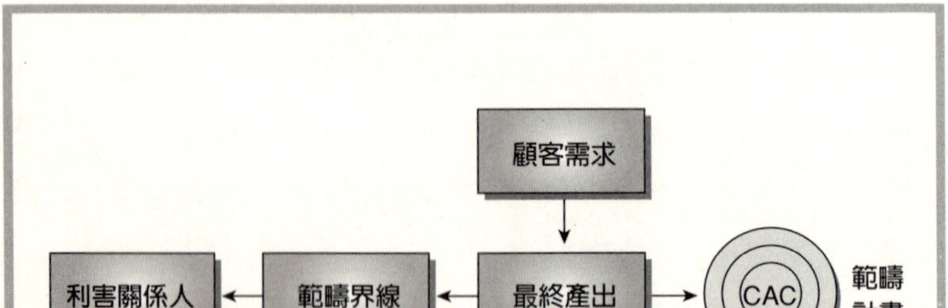

專案組織

專案的工作需要經過組織才能順利創造出最終產出，所以你們必須將最終產出分解為中期產出，並且為每個中期產出指派一位負責人。接著是界定分支專案，並且分配產出（中期和最終）。

最後是確認專案團隊的人選。針對產出所需的技能評估團隊人選，然後看看利害關係人的清單，確定他們在團隊內有適當的代表性，或是指派某個團隊成員去當中間聯絡員，讓這些利害關係人可以參與專案的進行。接著針對有必要的地方加以調整，為專案團隊選出最適當的人選（參考圖10-2）。接著從團隊當中選出各個分支專案的領導人。

圖10-2 專案組織計畫

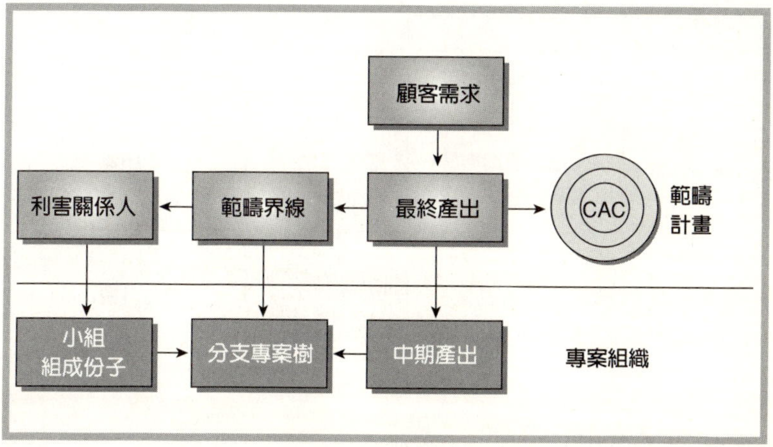

風險

在風險評估流程當中，你與團隊成員會檢驗最終及中期產出，並且問問自己這個問題：「可能會出現什麼問題？」從而找出專案的風險，並加以分析（參考圖10-3）。接著研擬對策，避免這些風險成真。進而把這些對策加入進度表內，把執行這些對策所需的人力時間加上當初的人力估計值。只要是與對策相關的成本都必須加入支出的估計之內。

圖10-3 風險計畫

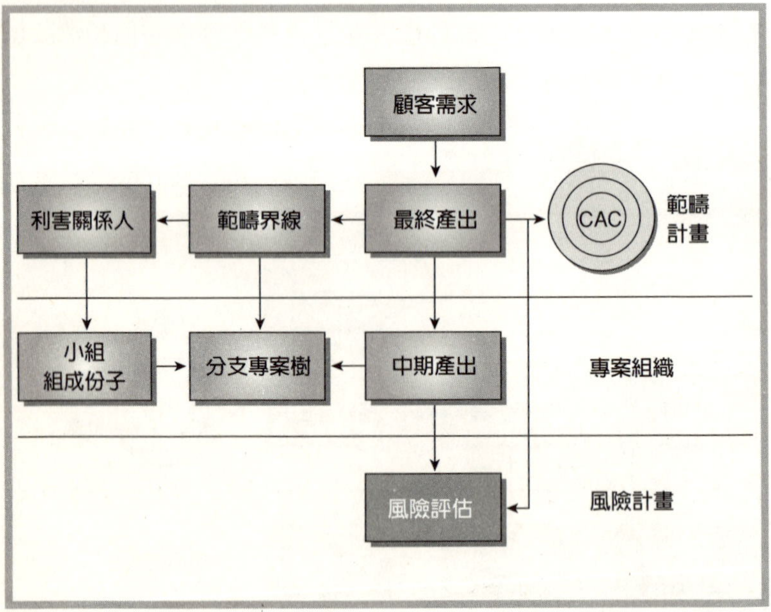

資源規劃

你們最後要處理的問題是：「需要多少時間、人力和金錢才能完成這項專案？」在此要建立一份里程碑進度表，藉此將專案進度的重點傳達給團隊以外的人士知道。然後擬出一份產出進度表，顯示每個產出的產出日期，以及各個產出之間的互依關係。進度表裡要留有一些意外時間，以便意外問題出現時有時間因應。

然後是估計每個產出的人力時間，並且加上專案管理人力，求得人力總估計值。接著把人力時間換算成人力成本，這是專案的內部成本之一。最後列舉出專案所有相關的內部和外部成本項目，算出支出估計值，並且提供準確度評估和估計值區間（參考圖10-4）。

到此就大功告成了，計畫中的各個環節都緊緊相扣。現在你只要再做出一份文件就可為專案計畫的整合做好準備，這份文件就是「變化管理計畫」（change-management plan）。

變化管理流程計畫

當專案計畫一旦獲得通過，你們需要一份變化管理流程，才能應付調整專案內容的要求。如果沒有一套正式的處理流程，在專案獲得通過之後倘若顧客或別人一再要求追加範疇，那你們可能會束手無策。「你們在處理這件事情的時候，可不

圖10-4 資源計畫

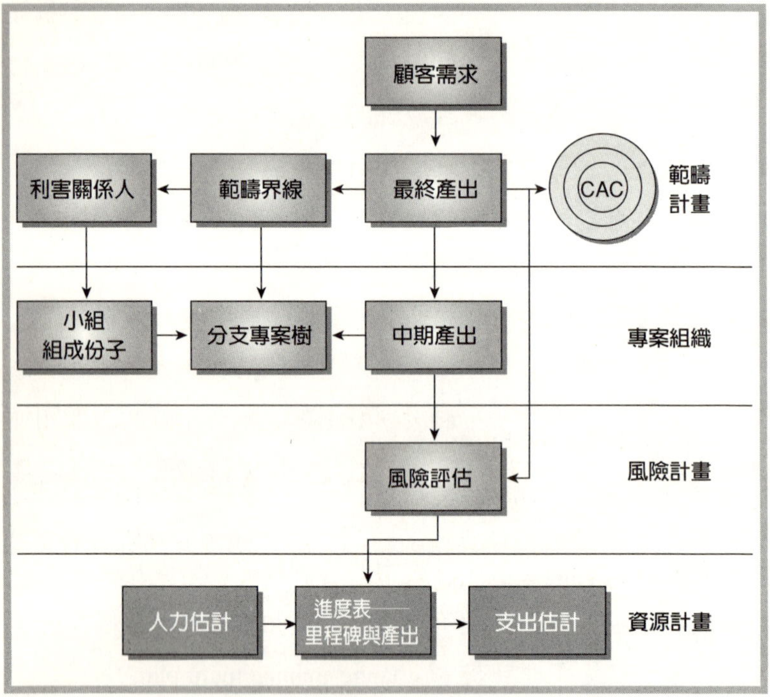

可以也順道做……？」專案範疇的追加就是這麼開始的。就算沒有這方面的問題，專案在執行當中往往也需要對範疇加以調整，甚至進度表或預算也可能必須加以修正。這不單是因為我們無法精確地預測未來，同時也是因為專案在進行當中情勢可能出現變化，所以我們在執行的時候還得具備隨時加以調整的能力。

變化管理流程：

- 必須對所有改變的要求加以評估，以免人們以為可以隨意更改。
- 控制專案的範疇、進度表以及預算，並且時時更新。
- 協助專案團隊分辨什麼是必要的改變，哪些改變則沒有必要。
- 要求對所有變化所造成的影響進行評估。
- 專案計畫必須跟得上情勢的發展。

變化管理流程應該包括以下要素：

- 對於變化管理流程的說明。其中詳列當有人要求改變時，應該採取哪些步驟。
- 變化申請表（change request form）。對專案提出改變要求的人必須填寫這份表格。譬如，顧客或專案團隊成員可能因為無法在截止日期之前完成產出，或是因為無法達成最終產出而對專案提出調整的要求。

此外，專案領導人需要一份變化日誌（change log），用以追蹤每個變化的狀態。

變化管理流程

說明變化管理流程的方式基本上有兩種：一種是流程圖（flowchart），另一種則是步驟說明。

表10-1說明變化管理流程的各個步驟。

表10-1　變化管理

步驟	行動
步驟一：要求	專案團隊之內或是外部的人士如果提出需要改變的要求，則必須填寫變化申請表。由專案團隊判斷這樣的改變有沒有道理。如果的確有道理，那麼專案團隊會進行到第二個步驟。如果所提的改變要求沒有道理，那麼專案團隊會把申請記錄在議題清單，並且和贊助人及提出改變要求的人進行討論。
步驟二：影響	專案團隊會對改變的申請進行分析，並且評估這個改變對專案會造成的影響。接著由起始人(originator)、顧客和贊助人共同討論這樣的影響分析。
步驟三：同意／否決	由贊助人及顧客決定是否同意這個變化的要求。如果否決這樣的提案，他們會通知起始人。如果同意，則通知起始人及專案團隊，並且對專案計畫進行調整。

圖10-5則是說明變化管理流程的流程圖。

這三個步驟主要是以變化申請表來管理，這個表格可以分為三個部分：對於變化的要求，當中必須說明為什麼需要這樣的變化〔這個部分稱為解釋區（justification section）〕；這個變化會對專案造成影響之分析〔這個部分稱為影響分析區（impact analysis section）〕；以及這個要求是否獲得通過〔這個部分稱為同意區（approval section）〕（參考圖10-6）。解釋區是由要求改變的人填寫的，這可能是顧客、贊助人、專案團隊，或是其他的利害關係人。如果是透過電子郵件或電話，提

圖10-5 變化管理流程圖

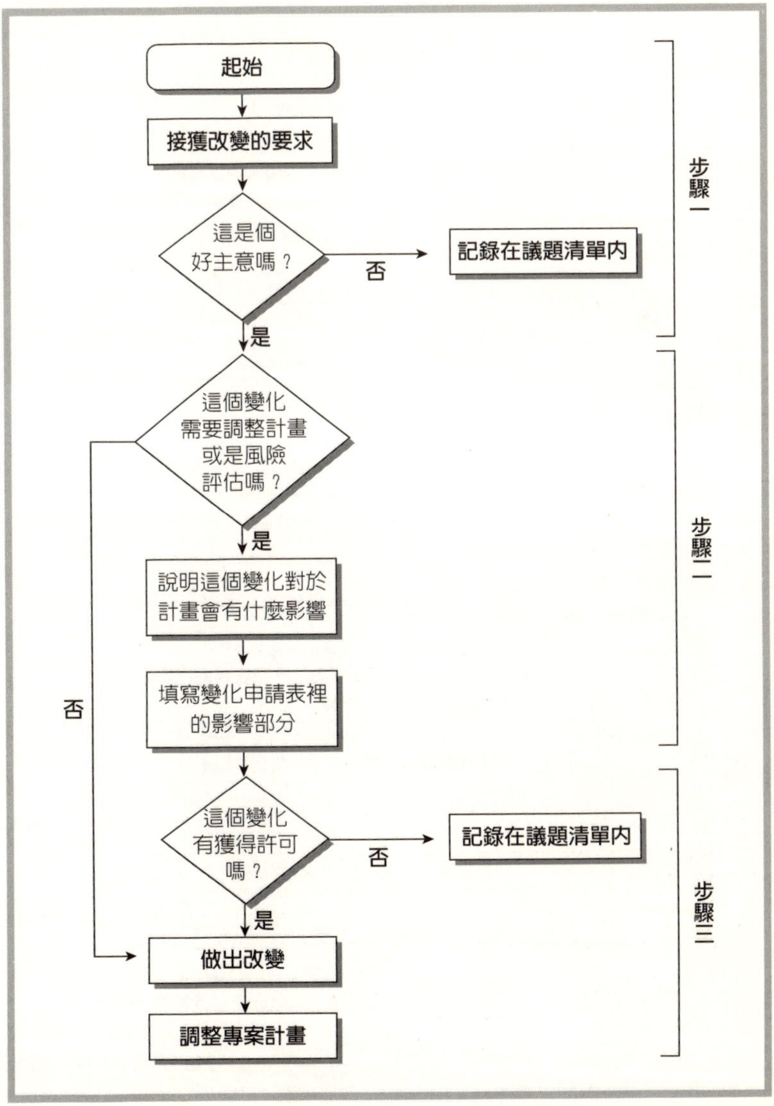

圖10-6 變化申請表

變化申請表

步驟一

專案名稱：　　　　　　　　　　　專案贊助人：

本表上面的部分由起始人填寫，底下的部分是由專案團隊填寫。
所欲申請的改變事項必須經過同意之後，才可以納入專案計畫之中。

急迫性：改變事項有多麼急迫？
請以高、中、低說明之。

改變事項申請編號：	起始人：	要求變化者：	要求的日期：
對每個要求的改變都予以編號。	變化申請表是由誰完成的？	這項變化是由誰提出的？	變化申請表完成的日期？

解釋區

變化事項的說明：

要求變化的事項是什麼？說明需要改變些什麼。

改變的理由：

改變的理由是什麼？顧客或團隊為什麼需要這樣的改變？
這樣的改變可以處理什麼問題？

解決的提案：

有沒有說明如何進行改變的提案？請在此說明之。

步驟二

影響區

專案計畫區域	所提變化之影響
對範疇的影響	需要對專案的範疇進行哪些改變？ 有沒有新的特色或功能？顧客的條件有沒有改變？ 有沒有新的顧客接受標準？
對風險的影響	對於風險有何影響？如果有新的潛在問題， 請說明專案團隊會如何減少風險及其結果。
對進度表的影響	需要對進度表進行哪些改變？對於截止日期會有什麼影響？
其他	如果對於變化的提案會造成任何影響，請在此說明之。 譬如，團隊成員所需調整及可能出現的議題。

步驟三

同意進行

起始人／日期	專案領導人／日期	贊助人／日期	顧客／日期

出變化的要求，那麼這個部分是由專案領導人填寫，然後由要求改變的人簽名。專案團隊會完成影響分析的部分。同意區則由需要同意改變事項的人士填寫。

步驟一：提出申請

當你或別人想要對專案計畫加以改變時，第一個步驟就是填寫變化申請表的第一部分。

這份表格的解釋區會提出以下問題：

- 申請者想要什麼樣的改變？
- 申請者為什麼想要這樣的改變？申請者試圖解決什麼問題？
- 申請者建議你如何在計畫之中納入這樣的改變？
- 這項申請的急迫性如何？

步驟二：影響分析

接下來，假設這項改變的主意的確很好，專案團隊就得對此加以分析，並且研擬一套提案說明如何處理這項變化。所以專案團隊得回頭進行計畫的各個步驟，評估這項變化對於專案計畫可能會有何影響。在這樣的規劃過程當中，專案團隊必須評估變化對於範疇、風險，以及資源的影響。就拿先前晚宴／舞會的例子來說，有人要求提前一個月舉行，那麼專案團隊必須評估這項變化對於範疇的影響（可能改變地點或是需要聘請別的樂團）、因這項變化可能會出現的新風險、風險評估，以及預算的變化（其中包括準確度評估及估計區間）。接著將評估結果記錄在變化申請表的影響分析區。

步驟三：同意區

最後，在分析變化對於專案可能造成的影響之後，必須等待提案獲得通過，才能對專案計畫加以調整。提案需要獲得同意的人選在每家公司都各有不同，不過通常包括申請的起始人、專案領導人、贊助人，以及顧客。如果你需要其他人的同意，則請將他們寫在這份表格上。

專案計畫裡應該包括變化申請表，以及如何完成這份表格的說明。

變化日誌

專案領導人需要有一套方法，用以追蹤所有變化提案的狀態。如果沒有人提出變化的要求，則這部分就沒有太大的重要性。可是，有些專案會不斷接獲改變的要求，此時就需要一套可以追蹤這些提案的正式系統，也就是變化日誌。圖10-7是變化日誌的一個範例。

所有要求變化的提案都有一個編號。變化日誌會記錄提出

圖10-7 變化日誌

專案變化日誌								
專案名稱：					專案贊助人：			
編號	起始人	變化說明	接獲日期	申請日期	範疇影響	進度表影響	支出影響	通過與否？是／否
1								
2								
3								
4								

要求的起始者，以及所提變化的說明。其中並說明接獲變化申請的日期，以及對於這項申請的決定日期。你也可以加上一欄，說明這項提案的迫切性。

接下來是記錄影響分析的結果，在此請說明會對範疇造成的影響。至於對於進度表的變化，請說明進度表會增加或減少的天數、週數，或是月數。對於支出造成的影響部分，請說明預算會增加或減少的金額。最後，記錄變化提案獲得通過或是遭到否決的日期。

備註：如果有接獲變化申請的日期及通過的日期，就可以計算每個變化申請的循環時間——也就是從接獲申請到做出決定為止，要花多少時間。

變化管理的部分在此就大功告成了，接著就是整體專案計畫的通關與否。

專案計畫的整合

這時候專案計畫所需的主要環節應該都已經準備妥當，請看看表10-2，檢查是否遺漏任何東西。

表10-2　專案計畫文件

環節	文件或表格	說明
起始	專案核准書	由贊助人通過
團隊	團隊契約	由團隊同意的指導原則
範疇	範疇說明	詳細說明會為顧客創造什麼樣的產出
範疇	顧客接受標準	顧客賴以判斷是否滿意最終產出的標準
範疇	範疇疆界	說明哪些屬於專案範疇之內，而哪些則在範疇之外
範疇	利害關係人表格	說明利害關係人對專案各有什麼影響力，如果有必要的話，提供團隊聯絡員的姓名
組織	分支專案樹	圖中列舉所有的分支專案、各個分支專案的負責人，以及中期產出
風險	風險表格	發現的風險、對策，以及每個對策的負責人
資源	里程碑進度表	顧客、贊助人，以及利害關係人的高層次進度表
資源	產出進度表	表中顯示各個產出之間的互依關係
資源	支出估計	內部及外部成本，視情況需要
變化管理	變化管理流程	處理專案計畫變化的流程

你們可以利用執行摘要（executive summary）來補強專案計畫。

執行摘要

執行摘要的篇幅不要超過一頁。表10-3列舉一些執行摘要的主要事項。

表10-3　執行摘要

步驟	行動
專案目標	除非目標在規劃階段出現變化，否則該目標應該取自專案核准書
專案顧客	列舉專案的顧客
關鍵利害關係人	列舉專案的關鍵利害關係人（不包括顧客和贊助人）
最終產出	說明最終產出
顧客接受標準	列舉顧客接受標準
風險	列舉主要的風險，以及你們選出用以降低或消除這些風險的對策。將專案的整體風險評估記錄下來，以及專案所依據的主要假設——特別是跟技術或know-how相關的假設
產出日期	顯示最終產出的產出日期
支出估計	提供支出估計值，以及準確度評估和估計區間。說明支出的上限
專案優先要務	顯示專案的優先要務，也就是範疇、進度，以及成本

在完成執行摘要之後，你們就可以準備讓專案計畫獲得通過。

讓專案計畫獲得通過

你必須和贊助人一同列舉這項專案需要哪些人的同意簽名。當然，贊助人是頭一個需要同意簽名的人物，如果有內部顧客的話，內部顧客也需要同意才行。由資源或部門經理人會簽同意計畫文件通常也是個不錯的做法。

在規劃階段結束之前，請先對內容和流程做個簡單的查核。

內容與流程查核

- ❑ 你有沒有為專案計畫寫份執行摘要？
- ❑ 你有沒有彙整所有的專案計畫文件？
- ❑ 你的專案計畫當中有沒有包括一份變化管理流程？每個人都了解這份流程嗎？
- ❑ 你的專案計畫最終獲得通過嗎？

大功告成了！現在是執行專案計畫的時候了，如果你的規劃工作做得好，便是為專案的順利進行奠定了基礎。

第11章

以團隊爲基礎之專案管理工具

現在各位已經學到許多以團隊為基礎的專案管理工具，譬如分支專案樹、風險評估，以及產出進度表。另外還有許多解決問題的工具，在專案的規劃或執行階段都非常有幫助。

不論是什麼事情，這些工具都可以協助各位度過決定的I.O.A.C.™流程：

- I：找出構想或疑慮。
- O：組織構想。
- A：分析構想。
- C：選出一個或更多的方案。

I.O.A.C.流程的每一個步驟都有各種工具可以使用。我們在此介紹每一位專案領導人都應該具備的四種工具。這些工具在I.O.A.C.流程中可以處理不只一個步驟。譬如，我們在第四章談到團隊契約時介紹過的親合圖（Affinity Diagramming），就包括了「找出構想」（I），以及「組織構想」（O）這兩個部分。

決定的流程首先是廣泛地探討各種可能性，然後朝著同一個解決方案逐漸達成共識。

廣徵意見的步驟就好像是漏斗的開口，盡量多吸取各方的意見。聚合的部分就好像漏斗的底部，也就是把選擇的範圍逐漸緊縮（參考圖11-1）。在這兩個之間的部分是組織和分析，你們可以藉此找出最適合且可行的解決方案。

I.O.A.C.流程最適合的情況有二：

- 大家對於如何解決問題的看法不一。
- 許多人對於某個議題都覺得擔心（如果只有兩個人擔心，那麼可以採用化解衝突的技巧。不過如果好幾個人都覺得擔心，而且各有不同的疑慮，那麼就很適合I.O.A.C.流程）。

誠如我們在第三章所說的，以團隊為基礎的工具應該具備三種感官學習型態：視覺、聽覺，以及動覺（kinesthetic）。這些型態讓每個人都可以充分參與決定的過程，從大家都可以接受的方案中做出抉擇。

且讓我們探討第一個決策工具——親合圖。

圖11-1 I.O.A.C.漏斗

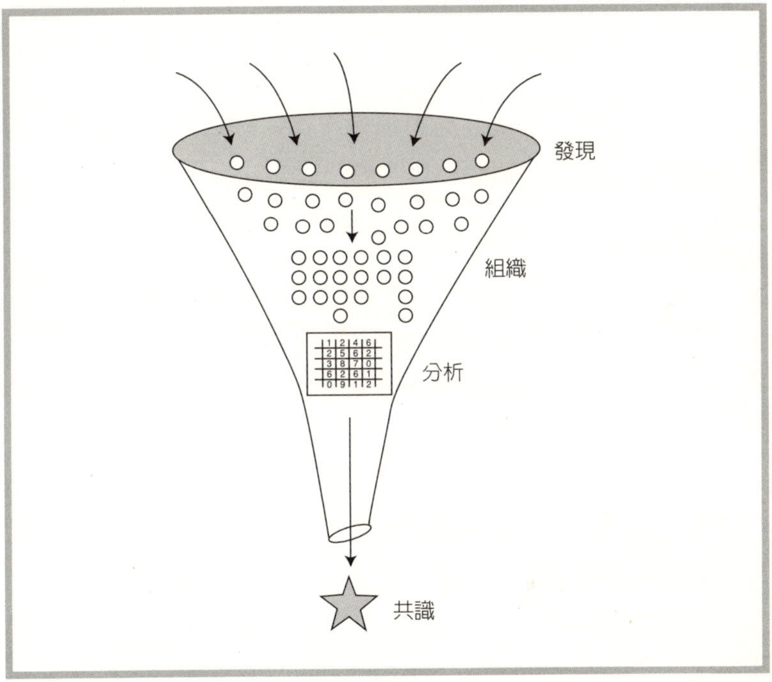

親合圖（發現、組織）

親合圖非常適合用來發現以及組織構想。各位可以在以下這些情況時使用親合圖：

- 和大型團體進行腦力激盪。
- 把腦力激盪出來的許多構想加以組織，成為可針對問題採取行動的型態。

- 鼓勵發揮創意，為各個構想之間找出關聯。
- 當舊的方法再也無法奏效，可是又想不出新的構想時，可以為這樣的情勢「解套」。

各位在使用親合圖之前，請先在牆壁上貼上一大張的長條紙，並且發給每一個團隊成員一份便條紙和一支筆。

步驟一

親合圖開始的第一步，就是清楚地界定你想要解決的問題。然後將問題的陳述改變成以解決方案為導向。譬如，假設你在處理一個與合併案有關的專案，而你擔心的是在合併期間的士氣問題，因為在這段期間之內員工士氣可能會變得低落。以解決方案為導向的陳述句應該是：「在合併進行期間，我們可以做些什麼來維繫員工的士氣？」

步驟二

接下來是針對所有可能的解決方案進行腦力激盪。腦力激盪這種方法，可以激發人們跳脫平常的思考模式，從而想出如何解決問題的新辦法。各位在激發新構想的時候，請參考以下這些腦力激盪的原則：

- 所有的構想都是好構想。
- 以便條紙把所有的構想記錄下來。
- 可以模仿。

- 重要的是構想的數量，而不是品質。
- 超越思考的框架——瘋狂地思考。
- 不要批判。
- 不要停下來討論。
- 保持活力。

以第七章介紹過的腦力激盪工具——「寫下！說出！貼上！」（Write it! Say it! Slap it!），每個人分別把自己的構想記錄在便條紙上，大聲說出，然後貼在牆壁上的長條紙。鼓勵大家想出愈多構想愈好，所想出來的解決方案可以盡量瘋狂，不要自我設限。這樣有助於團隊人員發揮創意。每個人所寫下的構想都應該：

- 包括一個名詞和動詞。
- 以奇異筆寫下。
- 字體要夠大，就算在幾呎之外也可以看得到。

腦力激盪必須進行到你們再也想不出構想為止。以下幾個建議有助各位發揮想像力，不要侷限在簡單的解決方案上。

- 如果團隊只有幾個構想而已，那麼這些解決方案可能層次比較高。可以這些高層次的解決方案為主題，進行腦力激盪。將此改為以解決方案為導向的陳述句，透過腦力激盪想出可以處理高層次解決方案的構想。在各個解決方案的陳述之下貼上便條紙。

- 要求團隊成員跳脫平常的思考模式，盡量想出瘋狂的解決方案，思考這類問題：「如果這個解決方案是顆洋蔥，那麼看起來會是什麼樣子？」
- 為團隊成員設定延伸的目標。如果他們好像已經腸枯思竭，請他們再想十個或二十個構想。這樣可以迫使他們超越平常的思考框架，以便達到目標。

步驟三

製作親合圖的第三個步驟，就是將構想進行分類或是加以組織。請團隊成員到長條紙前面展開分類的流程（分類的時候人數最好不要超過六個）。團隊成員靜靜地開始分類組織，這時候應該：

- 減少團隊之內階級高低的影響。
- 鼓勵大家專注在構想上，而不是注意寫下這些構想的人。
- 要求每個人大聲唸出這些構想，然後和其他構想進行連結。這樣會讓人們對這些構想也有參與感，而不是單純視為蒐集來的構想。
- 不要分析或評斷這些構想。
- 加速進行這樣的流程。

如果大家實在不了解某個構想，保持安靜的規定可以暫時破例，要求提供構想的人稍微解釋，但是不要對這個構想加以討論。

分類的過程要一直進行到所有的便條紙在長條紙上都各歸其位為止。在進行組織的時候可以參考以下幾點建議：

- 如果有個便條紙被兩組人馬前前後後移動多次，那就複寫一張，在兩處都擺上。
- 如果有一組的便條紙太多，超過十五張左右，則進一步加以分類。
- 如果有些便條紙好像放在哪裡都不是，也沒有關係。那就單獨擺著，自成一格。

除非便條紙實在很多（超過一百），否則組織的步驟不應該超過十五分鐘或二十分鐘。

步驟四

當親合圖的便條紙分門別類擺好，團隊成員就可以開始討論，為每一類的便條紙及各個分項擬定標題。擬定標題的時候最好：

- 首先，很快看過各個類別的便條紙，然後在草稿紙上以一個字掌握各類便條紙的意思。

  建議：以不同顏色的便條紙來寫標題，或是用張比較大張的紙，以便和記錄構想的便條紙有所區分。
- 接著根據草稿紙上的字寫下一句完整的敘述，來說明所屬項目的構想。標題字數應該在五到十個字之間，而且應該一目了然，無須看以下所屬的構想。

- 如果有分項，也要為其擬定標題。

看過標題卡和以下所屬的構想，討論是否需要進一步分類。自成一格的構想則判斷需不需要擬定個別的標題，還是屬於某個現有的分類（參考圖11-2）。

圖11-2 親合圖

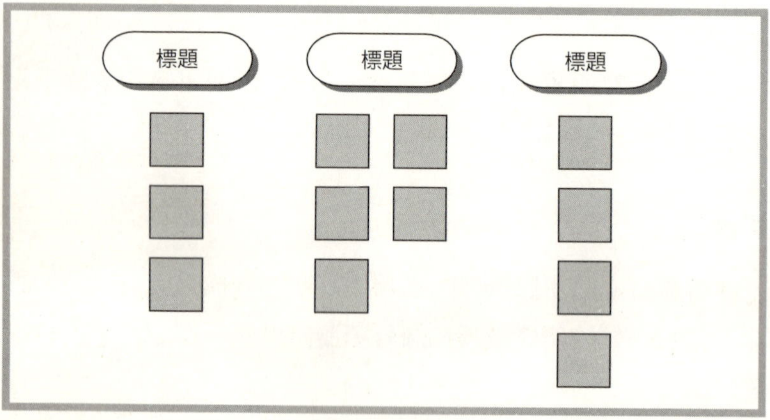

表11-1摘要說明這樣的親合步驟。

親合圖製作的過程在此就大功告成。此時你們已經激發出構想、加以組織，並且對主要分類建立共識。

I.O.A.C.流程下一個步驟就是對構想進行分析、達成共識。我們在此要介紹三項可以協助各位的基本工具。第一項是關聯圖法（interrelationship digraph）。

表11-1 親合圖的製作

步驟	行動
1	寫下以解決方案為導向的陳述。
2	腦力激盪出點子，把這些點子記錄在便條紙上。
3	安靜地進行分類。
4	建立標題卡。

關聯圖法（分析、選出）

關聯圖法可以畫出親合圖各組之間的因果關係，同一個問題可能有多達十個解決方案。關聯圖法可以應用在以下用途：

- 區分症狀和真正的原因。
- 找出變化的主要力量。
- 找出問題或議題的癥結。

關聯圖法是為問題找出根本原因的好辦法。在評估解決方案的時候，顯而易見、或是可以解決表面問題的解決方案，往往會立刻受到人們的注意。不過關聯圖法可以讓你們超越表面的症狀，為問題或解決方案找到根本的原因。

在牆壁上貼上一張長條紙，發給一組人員（一組的人數不要超過六個）奇異筆和便條紙，請他們面對牆壁進行關聯圖法。

步驟一

在便條紙上記下議題或是問題的陳述，並且貼在長條紙的頂端。這跟你們在親合圖法裡以解決方案為導向所寫的陳述略為不同。在關聯圖法裡，你們是對問題或解決方案的根源提出一個問題。譬如：「在合併期間有助於避免問題滋生的主要力量是什麼？」

步驟二

將你們想要繪製的根源整合起來。你們可利用以下方式找出問題的根源：

- 根據親合圖裡的分類。
- 腦力激盪為問題找出癥結。
- 為問題的根源蒐集資料。

問題根源的總數最好控制在十個或十個以下。如果數目超過十個，那就看看有沒有可以合併的，讓總數降到十。把每個問題根源寫在一張便條紙上，然後在長條紙上排成圓圈狀（參考圖11-3）。

步驟三

以兩張便條紙為一對，分別進行比較。針對每一對的便條紙提出這樣的問題：「其中一個可是另外一個的原因？」如果

圖11-3 關聯圖法

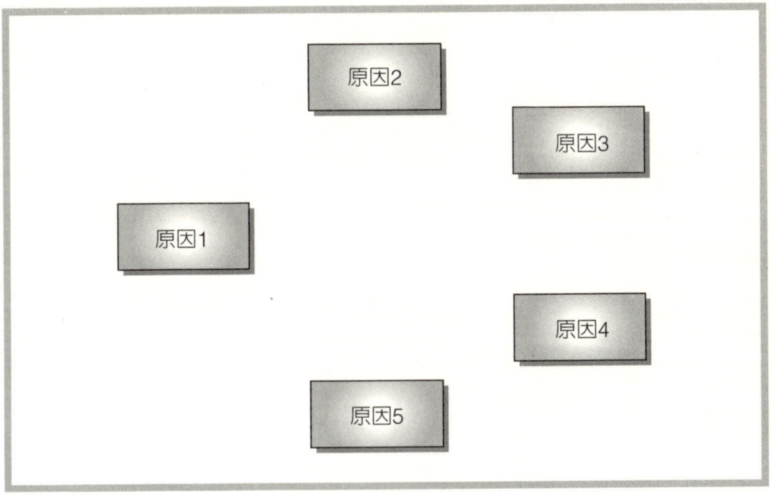

其中一個是屬於原因，另外一個就是這個原因所造成的影響，這樣一來，這兩張便條紙就有因果關係。當兩張便條紙有因果關係時，請從代表原因的便條紙畫一支箭頭指向代表影響的便條紙。不要兩邊都畫箭頭。如果兩張便條紙之間沒有明確的因果關係，就不要畫出箭頭。

每一組便條紙都進行這樣的分析，一直到這個圓圈裡的每組便條紙都做完為止。

步驟四

將每個便條紙的產出（箭頭指向的地方）以及投入（射出箭頭的地方）的數目加總起來。譬如，4/2的總數表示這個便條紙有四個產出及兩個投入（參考圖11-4）。產出最多的便條紙就是問題的癥結；投入最多的便條紙則是主要的影響或是症狀。

圖11-4 關聯圖法第四步驟

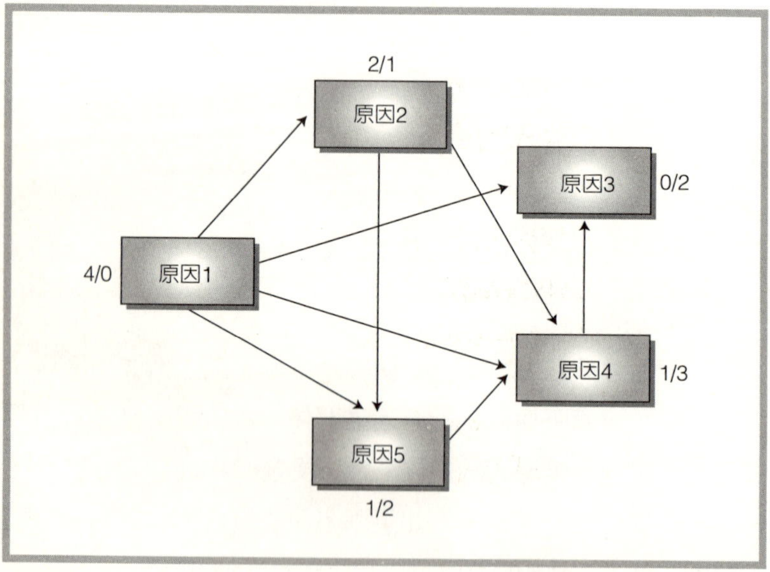

步驟五

把代表問題根源的便條紙（產出最多的便條紙）排在左邊，代表主要影響的便條紙（也就是投入最多的便條紙）擺在右邊。然後將其餘的便條紙放置在這兩者之間。這時候為這些便條紙重新畫出箭頭表示主要的關係（參考圖11-5）。在此處

圖11-5 關聯圖法完成

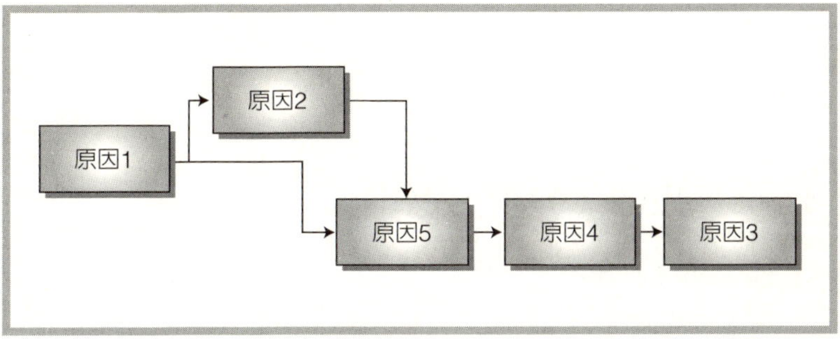

無須重新畫出步驟三所有的箭頭，只需以箭頭表示主要的因果關係即可。

通常來說，最好先把問題的癥結處理掉，再來處理中間的原因。如果你處理好問題根源，主要的影響可能也跟著獲得解決。表11-2是關聯圖法的摘要。

表11-2 關聯圖法

步驟	行動
1	寫下問題的陳述。
2	整合原因。
3	將每組原因進行比較，找出其中的因果關係。
4	數數看每個原因有多少投入和產出。
5	將問題根源擺在左邊，主要的影響擺在右邊，重新畫出彼此的關聯。

如果你們對這些議題的因果關係尚有疑問，不妨試試以下這兩種決策的工具：MT決策矩陣或是多層次投票法（multivoting）。

MT決策矩陣（分析、選出）

如果你得從好幾個可行的解決方案中做抉擇，而且賴以抉擇的標準必須明確，那麼不妨試試馬丁泰特決策矩陣（Martin Tate decision-matrix）工具。

以下情況發生時，可以採用這套工具：

- 當你得做出複雜且重大的決定。
- 當你想要根據一組決定標準分析各項方案時。
- 大家對於哪個才是最好的方案並無共識時。
- 某個人（或是某些人）對於最佳方案的看法似乎有所偏頗時。
- 當你希望決策流程更為客觀時。

步驟一

請在長條紙上畫出決策矩陣，如圖11-6標示左邊兩個欄位和最上面一排。在長條紙最上面一排寫下這個決策要達成的目的。

圖11-6 MT決策矩陣——步驟一

		決定的方案		
標準	權值			
決定分數				

步驟二

將各項可以選擇的方案列舉在矩陣的最上端。這些決定的方案可能來自親合圖裡的標題，或是關聯圖法的問題根源，也可能只是你們集體腦力激盪想出來的。對每個方案進行討論，並且寫下明確的說明，同時確保團隊裡每一個人都了解這些方案。

假設你們正在考慮如何執行公司的專案管理訓練，在使用過親合圖之後整理出以下三個方案：

1. 個別註冊的教室訓練——個人註冊參加事先安排的訓練課程。

2. 專案團隊的教室訓練——整個專案團隊一同參加事先安排好的訓練課程。
3. 專案團隊的即時訓練——把訓練分成好幾個部分，當團隊在專案管理流程中適當的時點提供所需的訓練。

步驟三

進行腦力激盪，列舉一些賴以做出決定的標準。你們所選的標準應該有助各個方案的區別。譬如，如果以上三個方案都符合「全體學員都必須學到專案管理的方法」的標準，那麼這個標準就沒有什麼用。

以下是幾個決定標準的例子：

- 低成本。
- 易於執行。
- 幾乎沒有什麼執行障礙。
- 執行時間軸短。

根據每一個所選的標準對每個方案進行比較，標準項目最好不要超過六個。為每一個標準寫下操作定義，以便大家對於每個標準的意思都有共識。

步驟四

如果標準是類似「方案是可行的」或是「訓練費用不會超過X元」這樣的是非題，則逐一檢視各項方案，把答案是否定的選項刪除，並將剩下的標準列舉在決策格裡左側的欄位當中（參考圖11-7）。

圖11-7 MT決策矩陣——步驟四

		決定的方案		
標準	權值	個別註冊的教室訓練	專案團隊的教室訓練	專案團隊的即時訓練
安排訓練人員時間的難易度				
盡量縮短員工離開工作崗位的時間				
適用於實際專案的程度				
決定分數				

步驟五

對每個標準設置權值，程度從1到9不等。

1～3的權值：不錯

4～6的權值：非常理想

7～9的權值：一定要有

各項標準的權值最好都不一樣。譬如說，如果你有兩個標準都是「非常理想」，那麼其中一個可以給4，另外一個給6

（參考圖11-8）。如果團隊成員很難就某個標準的權值達成共識，請每個人個別寫下自己認為應該的權值，然後算出平均數字。這個平均權值必須大家都能夠接受，在繼續下一個步驟之前務必要達成共識。

圖11-8 MT決策矩陣——步驟五

		決定的方案		
標準	權值	個別註冊的教室訓練	專案團隊的教室訓練	專案團隊的即時訓練
安排訓練人員時間的難易度	1			
盡量縮短員工離開工作崗位的時間	3			
適用於實際專案的程度	7			
決定分數				

步驟六

以便條紙記錄這些權值，然後根據每個標準評估每個方案。以這些等級代表評估的結果：

1：這個方案並不符合標準。

3：這個方案還算符合標準。

9：這個方案非常符合標準。

1、3、9的評估等級有助於區分方案之間的差別，可以明顯看出哪些非常符合標準，而哪些則不符合。

把這些評估等級記錄在格子（決策方案和標準對應的格子）的左上方（參考圖11-9）。團隊人員對於評分應該有共識，如果討論之後還是各持己見，則請每個人將各個方案與標準比較之後進行評分，然後採用大家的平均值。完成評分之後應該再確定大家都此都有共識。

圖11-9 MT決策矩陣——步驟六

		決定的方案		
標準	權值	個別註冊的教室訓練	專案團隊的教室訓練	專案團隊的即時訓練
安排訓練人員時間的難易度	1	3	3	1
盡量縮短員工離開工作崗位的時間	3	1	1	3
適用於實際專案的程度	7	1	3	9
決定分數				

步驟七

將評估分數（在格子裡的左上角）和權值（左邊第二個欄位）相乘，把總值記錄在格子的右下方（參考圖11-10）。

圖11-10 MT決策矩陣——步驟七

標準	權值	決定的方案：個別註冊的教室訓練	決定的方案：專案團隊的教室訓練	決定的方案：專案團隊的即時訓練
安排訓練人員時間的難易度	1	3 / **3**	3 / **3**	1 / **1**
盡量縮短員工離開工作崗位的時間	3	1 / **3**	1 / **3**	3 / **9**
適用於實際專案的程度	7	1 / **7**	3 / **21**	9 / **63**
決定分數		**13**	**27**	**73**

將每個方案右下角的數字加總起來，記錄在該欄的下方。這個數字最高的方案，表示最符合該團隊所設置的標準。團隊一同對此進行討論，根據上方所述的目標，來判斷這是不是最好的解決方案。如果不是，則重新檢討你們為各個方案所設的標準、權值和評分。表11-3摘要說明MT決策矩陣的步驟。

無須分析就能做出的決定，則不妨考慮多層次投票法這種更為快速、單純的決策工具。

多層次投票法（分析、選出）

多層次投票法（multivoting）是請每個人選出自己偏好的

表11-3 MT決策矩陣

步驟	行動
1	畫出決策矩陣的格子。
2	列舉解決方案。
3	腦力激盪列舉出賴以決定方案的標準。
4	透過「是／否」問句的標準來淘汰方案。
5	為每個標準建立權值。
6	根據每個標準對各項方案進行比較。
7	把各個方案和標準評比的分數和權值相乘。最後選擇分數最高的方案。

方案，藉此迅速縮減方案的範疇。可是每次請別人選擇的時候，他們不論是出於故意還是下意識，對於衡量的標準及各項標準的重要性往往有自己的一套想法。這種內部分析的過程通常不為人知，而且團隊其他成員也完全無法掌握；這是多層次投票法的一大缺點。

不過，並不是所有的決策都需要決策矩陣這類分析。以下情況可以適用多層次投票法：

- 當你想要迅速了解團隊的共識時。
- 這個決定不值得花這麼多時間進行徹底的分析時。
- 當你想要了解某個決定是否已有共識時。
- 團隊每一個成員都非常了解、接受決定的標準。

- 你想從一長串的構想裡篩選出幾個，以便採用其他的分析工具，譬如關聯圖法或MT決策矩陣，以做出最後的決定。

步驟一

發給每個團隊成員一份即可貼的圓點。如果要選擇的方案有十個或十個以上，則發給每個人五張這樣的圓點。如果要選擇的方案不到十個，則把這些方案的數目除以二，所得的數目就是發給每個人圓點的數目。

步驟二

請每個人想想看自己賴以做出決定的標準，然後投票給自己認為最好的方案。一個圓點代表一票，同一個方案只能投一票。

步驟三

投票結束後，計算每個方案所獲得的圓點數目。將這些方案根據所得票數高低進行排列，然後檢查看看，確定團隊成員對於這個排列順序都沒有異議（參考表11-4）。

在做出最後的決定之前，你們可以：

- 以排行最高的方案做為團隊的決定。
- 權衡最高兩、三個方案的優缺點，然後從中選擇一個。

表11-4　多層次投票法

步驟	行動
1	發給每一個人一份即可貼的圓點。
2	請每個人投票給最喜歡的方案。
3	計算票數。

- 以排行最高的幾個方案進行進一步的分析，譬如關聯圖法或MT決定矩陣。

I.O.A.C.流程的工具

我們在本章介紹四個以團隊進行的基本工具——親合圖、關聯圖法、MT決定矩陣，以及多層次投票法——可在專案的規劃和執行階段，協助團隊人員做出最好的決定。說到執行，現在就讓我們談談，要如何創造出專案的產出。

第12章

執行計畫

專案計畫一旦獲得通過之後，就可以著手創造最終產出。在大多數的專案裡，專案團隊成員或分支專案團隊成員在這時候會分頭進行自己負責的產出。大多數的執行階段都是創造產出，如果你們的專案計畫做得好，此時就會進行得很順利，因為執行階段不只是整個流程裡最長的階段，同時也會耗費最多的資源——時間、心力和金錢。如果你們前面幾章都確實遵守指示規劃專案，現在進入執行階段時必然處於相當不錯的狀況。

在工作即將大功告成之際，你必須進行四個基本的專案管理活動：

- 觀察環境。

- 管理變化。
- 追蹤進展。
- 溝通進展。

這四個活動基本上是在專案團隊會議時進行的，團隊會定期舉行會議，以確保專案的進行順利無誤。

舉行會議的頻率，要看專案的長度及活動的多寡而定。各位在判斷舉行團隊會議的頻率時，可以參考以下原則：

- 如果你們的專案時間不超過六個月，那麼可以考慮每個禮拜或每兩個禮拜舉行會議。
- 如果你們的專案長度超過六個月，但是不到一年，那麼你們可能需要每兩個禮拜舉行一次會議。
- 如果你們的專案長度超過一年，則可以考慮每兩個禮拜或每個月舉行會議。

每次召開會議的時候，你們都會檢討上次開會之後所完成的產出，並且展望計畫在下次開會之前完成的部分。基本上，兩次會議之間的產出數目不應該超過六個。如果下次開會之前計畫完成的產出數目超過六個，則可以考慮在進度表上多加一個會議。

團隊會議召開的頻率並沒有什麼明確的規則。在專案剛開始進行時，開會的頻率最好比較密集，然後視情況需要減少次數。

誰應該參加？

參加專案團隊會議的人員包括專案領導人、團隊成員，以及受邀參加的特別來賓。如果專案很小，主要專案團隊的成員就是實際工作的人員。如果專案很大，那麼專案團隊成員也可能是分支專案團隊的領導人。這些分支專案的領導人在參加主要專案團隊會議之前，應該和其分支專案團隊見面，討論同樣的議題。

在團隊會議展開之前，專案團隊成員應該針對自己負責的工作準備最新的狀態報告。也就是說，每一個團隊成員都應該為自己負責的部分準備一份進度報告，就範疇、風險、進程、預算等等說明狀況。在此且讓我們先說明一般專案團隊，或是分支專案團隊會議裡的典型議題，然後再說明狀態報告的內容。

團隊會議的議程

團隊每次開會所討論的議題其實都大同小異，在此是執行階段團隊會議的議程範例：

- **檢討目前專案的狀態**——團隊成員報告自己負責部分的狀態。填寫狀態報告表。
- **觀察潛在的問題**——觀察環境中有沒有當初在風險評估時沒有預期到的潛在新問題。判斷應該如何因應可能出現的問題。填寫狀態報告表。

- **檢討改變的要求**——審查這些要求的解釋，並對其影響進行分析。完成狀態報告表。
- **檢討及更新議題清單**——討論如何解決各項議題，如果有新的議題則在清單上加入。完成狀態報告表。
- **清理停車場**——把停車場的議題解決，或是把它們移到議題清單。
- **肯定成就**——肯定團隊成員的成就，對他們完成的工作表示感謝。
- **評估該次會議**——迅速檢討一下該次會議的進行成果，以便下次會議加以改善。

且讓我們逐一說明這些議程的進行方式（你們在開會時並非按照同樣的順序進行）。

觀察潛在的問題

你們雖然試圖預測專案執行階段可能會發生些什麼事情，可是畢竟你們不是靈媒，所以必須不斷觀察專案內外的環境，看看在進行風險評估之後，有沒有出現什麼改變。說不定顧客的公司已有改變，也可能是競爭對手宣布某款產品和你們正在開發的產品極為類似。只要是出現原先沒有預料到的變化，都應該加以評估。

除了在團隊會議裡觀察潛在的問題之外，你們還得和主要利害關係人（譬如顧客和贊助人）的檢討會議裡對此加以討論，了解是否發生任何重大變化足以對專案造成影響。隨時保持警覺、蒐集資訊，以免專案發生問題。如果環境當中真的出現一些變化，則和專案團隊一同著手了解，判斷這些變化會對專案造成何種影響。

- 如果會立刻造成影響，則評估這種影響的本質和程度，判斷有沒有必要調整專案計畫，視情況所需採用你們的變化管理程序。
- 如果會在未來造成影響，則需將此納入你們的風險評估之中。如果新的對策會對計畫造成改變，則進行你們的變化管理程序。

檢討狀態

檢討專案的狀態可以讓你們追蹤專案進度，並和專案計畫加以比較，了解目前狀況屬於進度中的哪個部分，如果偏離正軌的話，也好判斷應該採取什麼對策。

追蹤進度的目的在於確定你們順利完成專案：最終產出能夠滿足顧客的接受標準、專案如期完成，而且沒有超過預算。如果你們定期監督專案的進行，只要專案略為偏離正軌必然能夠立刻得知，以便迅速採取行動，將專案的進行拉回正軌。

專案需要追蹤以下六個項目：

- 風險。
- 範疇品質。
- 進度表。
- 人力。
- 支出。
- 計畫的變化。

這幾項涵蓋了專案計畫的各個部分。在各項之下，則是根據專案計畫追蹤進度，如果有偏離計畫的地方，則要判斷該如何處理。

備註：除非專案範疇出現變化，或是公司發生變化以致需對團隊組成份子重新加以評估，否則專案組織是一直維持不變的，所以無需追蹤。

風險

誠如先前所說的，你們需要觀察環境的變化，了解有沒有新的風險出現，或是你們先前對於風險的假設有沒有出現變化。如果你們先前對於風險的假設出現變化，或是你們發現有新的風險出現，那麼你們需要新的對策（可能需要提出改變的要求），以刪除原計畫中的對策（這個風險發生的機率可能降低，所以你們也不再需要這樣的對策），或是在評估當中加入新的風險（這也可能需要提出改變的要求）。只要是風險評估的變化，都應該在狀態報告中加以說明（圖12-1）。

圖12-1 狀態報告中的風險部分

風險狀態		
新的風險或風險假設的變化	行動方案	所需的變化要求？

進度

監督進度時問的問題是：「當初預期要在這個時點完成的工作有沒有即時完成？你們預期未來是否也能即時完成任務？」需要追蹤的包括里程碑和產出，除了看過去的表現之外還要展望未來。以過去來說，要看的是你們有沒有即時達成里程碑？實際達成日期和計畫中的日期相差多少？實際的產出日期和計畫中的產出日期又是相差多少？

至於展望未來的部分，則是預期能否即時達成未來的里程碑？如果不行的話，你預期會在何時完成？現在與下次團隊會議之間的中期產出預計在何時完成？

請將進度狀態記錄在狀態報告表中（參考圖12-2）。

圖12-2 狀態報告中的進度部分

進度與範疇狀態			
里程碑	計畫日期	實際日期	預期日期
上次更新之後完成的產出			
產出	負責人	實際日期	是否符合品質標準？
下次開會之前要完成的產出			
產出	負責人	計畫完成日期	預期完成的日期

備註：最後一欄請留白（也就是狀態報告當中「上次更新之後完成的產出」部分），直到你們完成範疇品質的檢討之後才填寫。

如果你們發現專案進度開始放慢，請和團隊成員研商，了解這個現象可能造成什麼樣的問題，並且和大家腦力激盪，想出如何把專案拉回正軌的辦法。專案產出日期如果落後，或是預期會落後，不一定會對專案的截止日期造成影響，所以你們大可將精力集中在要徑上的截止日期，也就是注意可能危及這些截止日期的潛在變化。可能偏離預期日期的微小變化早在預期之中，至於可能導致你們無法在截止日期之前完成產出的重大失誤則需要特別注意。及早發現這些潛在的問題，才能避免進度偏離正軌。

範疇品質

範疇品質計畫說明團隊打算如何讓最終產出達成顧客接受標準。如果等到完成最終產出才發現有品質方面的問題，這時已讓顧客感到失望，而且你們還得重新來過，以更正錯誤，這樣並不是有效的專案管理。重新來過不但所費不貲，而且得耗費額外的時間。所以，最好是從中期產出著手，確定每個中期產出都能為其顧客所接受，以便確定最終產出能夠讓顧客滿意。這也是為何要擬定範疇計畫，專案進行的同時，能監督產出的品質。

每當中期產出完成、交付給內部顧客時，便去詢問他或她是否滿意這項產出的品質。

如果該名內部顧客對於中期產出的品質感到滿意，便可在狀態報告表上勾選「接受」。如果中期產出無法達到標準，那麼提供這項產出的人必須盡力改善，讓產出可以達到所需的品質標準。請在狀態報告表上說明如何改善產出品質的行動計畫。

建議：在開始創造中期產出之前，對其接受標準的品質建立共識是個不錯的做法。你們可以透過規劃來達成。對於尚未生產出來的產出，或是過去未能滿足內部顧客的產出，則需要對品質或接受標準加以界定。

人力和支出

如果你們在專案計畫中納入人力及支出，那就需要根據計畫的數量觀察實際人力和成本支出是否相符。就算你們沒有將這兩項納入計畫當中，多加觀察總沒錯。所以你們可以開始蒐集歷史資料，了解完成類似的專案需要多少資源。實際耗費的人力及時間都會記錄在狀態報告表上，支出總額和支出計畫也會加以記錄。實際支出數字能夠讓你了解，專案發展至今已經花費多少資金，但是除非你定期重新估計還需要支出多少才能完成專案，否則還是無法明確地掌握預算。假設你們的支出預算為400美元，專案有四個月的時間進行。在第一個月之後，你們已經花了125美元。你們會符合預算嗎？還是說已經超過了？如果你們大多數的支出都是在專案開始的時候產生的，那麼你們可能符合預算。不過如果大多數的支出都是在專案發展到最後面才產生的，那麼你們可能會超過預算。要知道會不會超過預算，可以請團隊預估他們還需要些什麼才能完成這項專案。把他們的預估和已經花費的部分加總起來，就可以得到新的支出估計值。譬如，假設你的團隊估計他們尚需要275美元（準確度中等）才能完成專案，你估計支出數字介於250到300

美元之間，所以將預估的300美元加上已經支出的125美元，結果預估的總額比當初的預算高過25美元，這可不好。當你發現預算超支時，有以下選擇可供參考：

- 在和贊助人討論過這樣的情況之後，填寫變化申請表，要求提撥更多資金。
- 如果你們還在專案開頭的部分，則僅需觀察支出狀況即可，注意要將實際的支出保持在預估值之下。
- 了解可以刪除哪些支出，或是能夠如何縮小範疇。

如果你們發現預算超支，請盡速和贊助人討論。贊助人可不喜歡意外，而且他／她說不定有些點子可以將支出拉回正軌。

將你們的人力和支出實際數字記錄在狀態報告上（參考圖12-3）。

圖12-3 狀態報告裡的人力和支出部分

人力與支出狀態			
	計畫總量	至今實際數量	預期總量
人力			
支出			

檢討改變的要求

如果你們覺得無法達到先前在專案計畫中所做的承諾，或是某個關鍵性的利害關係人要你們改變計畫——對最終產出增加特色或功能、增加新的產出、縮短進度、減少預算——那麼你們得採用變化管理流程。

首先是填寫變化申請表，這份申請表最上面的部分是由提出變化要求的人所填寫（參考第十章的說明）。當你們拿到這份變化申請表時，請在變化日誌上給予編號並加以記錄。各位如果還記得的話，這只是將所有接獲的變化要求及其狀態加以記錄。就拿晚宴／舞會的例子來說，有個人要求另外增加五十位參與嘉賓。他所持的理由是：有位副總裁另外發現到投入這個專案的功臣還有許多人，他／她認為慶祝活動應該也要加入這些人。

接下來，請團隊成員想想看，這樣的變化到底有沒有道理。如果這個變化實在沒有什麼道理可言，那就回頭和贊助人討論。如果贊助人也這麼認為，那麼你得和提出這項申請的人進行討論，他／她可能還有其他資訊是沒有填寫在變化申請表上的。

接下來是針對這項變化對專案資源可能造成的影響進行評估（至少時間和人力）。這些都是寶貴的資源，你可不想將它們浪費在不值得的改變上。所以說，在你們對變化的要求展開影響分析之前，請先確定這樣的變化的確有道理。

接下來是針對這項改變可能對專案計畫造成的改變進行評估。我們要評估參加晚宴／舞會的人數增加五十名會有何影響。我們會評估這項改變對於以下項目的影響：

- 範疇（譬如，我們可能因此得遷移到比較大的場地）。
- 風險（人數愈多，某些風險就可能愈多，新的風險也會隨之增加）。
- 資源計畫——會不會對進度、人力，以及支出造成影響？

在此讓我們再看看另外一個例子。假設贊助人想要減少預算2,500美元。在我們的影響分析裡，我們要分析減少成本的方法，譬如將接待處改到內部，以節省租用帳棚的成本，或是將外部人力改為內部人力（徵求志願人員）。另外像是減少對策的數量，也可以節省成本，我們也可以提供一些方案，說明如何減少專案的範疇以便節省成本，譬如改為自助餐，而不是由服務生上菜的型態。

你們在進行影響分析時，必須和團隊進行沙盤推演，就規劃的各個環節重新進行討論，提出這些問題：「這項改變的要求會對目前的計畫造成什麼影響？」變化申請表裡的影響分析部分完成之後，還得經過贊助人和顧客的同意。

如果這項改變的要求獲得同意，那麼就必須對專案計畫進行調整，而經過修正之後的計畫就成為新的正式計畫。接下來，這項專案裡的所有進展，都必須根據這項新的計畫進行追蹤。

如果這項改變的要求遭到否決，那你得把變化申請表歸還給當初提出這項改變的申請者，並向對方說明遭到否決的原因。通常來說，最好是面對面溝通或至少透過電話，這樣你才有機會回答對方所提出的問題。如果提出改變要求的人在公司裡屬於比較高階的長官，而你在傳遞這個壞消息時覺得需要一些支援，則可向贊助人請求援助，而這也正是為何要設立贊助人的原因。

接著填寫狀態報告裡有關變化申請的部分，說明所提的變化要求、接獲申請的日期，以及該項要求是否獲得通過，如果獲得通過，專案計畫有何改變（參考圖12-4）。

圖12-4 狀態報告裡申請變化的部分

計畫中的改變			
變化的說明	日期	變化是否獲得通過？	計畫的修改

檢討及更新議題清單

和團隊成員檢討議題清單，討論在團隊會議之前需要解決的議題。將如何解決議題的方法，以及解決的日期記錄下來。

同時對尚未解決的議題加以討論，研擬一套解決的策略。如果你們需要加強這個議題，不妨考慮放在狀態報告裡（參考圖12-5）。接下來，針對需要在下次團隊會議之前解決的議題加以討論。

圖12-5 狀態報告裡的議題部分

議題部分				
議題	採取的行動	所需的行動	負責人	所需日期

完成狀態報告

你們在和團隊成員檢討專案進度時，也同時填寫狀態報告，所以這時候狀態報告也已經完成得差不多了。最後面是專案的儀表板（dashboard），或是摘要的部分，說明專案的整體狀況（參考圖12-6）。這時候要評估的是專案範疇品質、進度、人力，以及支出的整體狀況。

在團隊會議之後，請將狀態報告分發給團隊成員、贊助人、顧客，以及其他的利害關係人。這也形同專案團隊會議的會議紀錄，狀態報告是讓利害關係人可以隨時掌握專案進展的主要工具之一。

圖12-6 狀態報告裡的儀表板部分

專案的儀表板								
整體範疇品質：	—	超過	—	符合	—	低於	—	岌岌可危
整體專案進度：	—	超前	—	符合	—	落後	—	岌岌可危
整體人力狀態：	—	低於	—	符合	—	超過	—	岌岌可危
整體支出狀態：	—	低於	—	符合	—	超過	—	岌岌可危

清理停車場

會議進行到尾聲時，請回到停車場看看，是否還有尚未解決的議題。

如果還有議題尚未解決的話，你們可以這樣做：

- 在會議結束之前，來討論或解決這個議題。
- 把這項議題放在議題清單上，指定某個人負責解決。
- 如果已經討論過這個議題，或是原本提出這個議題的人已經不再在意，則可以將這個議題排除。與會者在開會之初提出議題之後，往往得等上一段時間才會進行討論，有時候議題的重要性會因為其他問題的討論而顯得不再重要。在淘汰某個議題之前，務必要和提出這個議題的人先確認好。
- 將這個議題留在下次專案團隊會議的議程。

肯定成就

對專案團隊成員說聲謝謝，肯定他們對專案工作的貢獻，這樣的做法絕對不會是件壞事。

大多數的人同時都得身兼好幾個專案，就算只是說聲謝謝，也能讓人覺得受到肯定，這樣的效果非常持久，對於團隊發展的高表現階段很有幫助。

此外，達成主要的里程碑時，以一些特殊的行動來嘉獎成就。至少要肯定團隊成員的努力。你們也可以帶些糕點或水果來開會，以表達謝意。偶爾停下來對大家的成就表示肯定，有助於維繫專案進行下去的動力。

對會議進行評估

在散會之前很快地了解一下哪些進行得順利，以及下次會議可以如何改善。

最簡單的辦法就是發給每一個人即可貼的便條紙，並且請他們寫下這次會議最喜歡什麼部分，以及他們覺得下次會議可以改進些什麼。在門邊擺兩張海報紙，一張註明加號（＋），表示進行得順利的事情。另外一張註明delta（Δ），表示他們希望能夠改進的地方。當大家魚貫走出會議室的時候，請他們分別將手上的便條紙貼在這兩張紙上，這樣很快就可以了解，能夠如何改善下一次的專案團隊會議。

和顧客及贊助人檢討會議

除了進行團隊會議之外，你們也得定期和顧客及贊助人一同檢討專案的進展。和他們檢討專案進行的頻率並不用像團隊會議那樣頻繁，通常一個月一次就可以了。如果顧客／贊助人對於專案有任何疑問，或是有些想要改變專案的意見，你們都可以透過和他們舉行的檢討會議來聽取並解決。你們也可以藉此聽取他們對於如何改善目前做事方式的意見回饋。

以下這幾點建議有助於各位和顧客／贊助人維持良好的關係：

- 讓他們隨時掌握專案的進展，以及所有預期中的改變。這樣他們對你管理專案的能力才會覺得有信心，比較不會想要事事介入。
- 如果有問題的話，要盡快讓他們知道。不要讓他們從別人身上聽到這個消息。
- 請他們提供意見。
- 在適當的時候讓顧客加入團隊。
- 他們得對自己的承諾負責。有必要的時候可以在進度表上列出他們的活動／承諾，讓大家可以看得到，以及他們彼此之間互相依賴的關係。
- 對他們要誠實以待。
- 提供他們足夠的客觀資訊，好讓他們可以在具備充分資訊的情況之下做出抉擇。不要問說：「你希望我們做些什麼？」，而是應該說：「如果我們這麼做，會產生x的成本，好處／利益會是y，而這會花z天／禮拜完成。」換句話說，也就是讓他們知道自己的抉擇會有什麼樣的後果。

- 要求協助的時候要明確，說清楚到底需要多少數量，不要含糊以對，以免造成誤會。如果別人幫錯了忙，等於是浪費了一張王牌。
- 提供其他的方案／選擇，但是不要為他們做出決定。

每次和顧客與贊助人檢討開會接近尾聲的時候，問問他們的需求有沒有獲得滿足，或是有沒有任何擔憂之處。他們可能說出團隊人員尚未注意到的問題，讓你們有機會及早解決，以免這個問題變得愈來愈嚴重。要不，如果他們的疑慮是因為誤會所產生的，那你們也有機會可以澄清。

最後，不要忘了感謝他們的支持。

締造最終產出

團隊觀察專案的進展，並且和贊助人及顧客開會檢討，這樣的流程必須一直進行到你們完成最終產出，並且將最終產出交付給顧客為止。在這時候，專案的執行階段也告一段落，可以進入終結階段。

內容與流程查核

以下是內容和流程的查核清單：

- ❑ 你們有沒有觀察環境（競爭情況、顧客、技術等等），找出可能影響你們專案的變化？
- ❑ 你們有沒有詢問贊助人和顧客是否知道環境裡有任何變化？
- ❑ 你們有沒有定期舉行專案團隊會議，以檢討潛在的問題？
- ❑ 你們有沒有採用在專案計畫裡的變化管理流程？
- ❑ 你們有沒有把變化的要求記錄在變化日誌裡？
- ❑ 在評估每一個所提變化要求可能對專案造成什麼影響時，有沒有讓團隊成員參與？
- ❑ 團隊成員來開團隊會議的時候，是不是都有為報告專案狀態做好準備？
- ❑ 團隊成員是否積極參與，確認專案的進展順利無誤？
- ❑ 團隊成員對於專案有沒有視為己任的感覺？
- ❑ 你們有沒有定期公佈狀態報告？
- ❑ 你們有沒有和顧客及贊助人定期舉行檢討會議？
- ❑ 你們有沒有請問顧客和贊助人，了解他們對於專案的表現有何意見回饋？

第13章

終結專案

在顧客接受最終產出之後，你們可能以為已經大功告成。其實未必，專案管理流程還有最後一個階段——終結階段。終結的目的在為專案畫下句點，確定你和團隊成員都能從這個過程當中學到寶貴的心得。如果專案的規劃和執行都做得很好，那麼終結階段應該相當有趣、簡單。事實上，每一個階段都是如此，只要前面一個階段做得好，都應該是非常簡單、有趣的。

有些專案領導人會躲避終結階段，因為專案裡還有問題沒有解決：譬如不滿意的顧客或團隊成員、預算超支，以及進度落後等等。如果團隊成員手上還有別的專案在忙，或是把別的工作任務看得比這個專案還要重要，那麼終結階段也會進行得很困難。就算如此，終結階段還是很重要的。你們必須在終結階段將專案實際進展和計畫互相比較，從中學習經驗。專案的顧客、贊助人、其他的利害關係人，以及團隊成員，也是在這個終結階段，對專案進行真正的評估。這些評估工作非常重要，你們可以從專案當中學習經驗，公司裡的同仁也可以藉此避免以後犯了同樣的錯誤。

終結階段可分為五個不同的活動：評估專案、撰寫最終狀態報告、建立所學的心得、公布終結報告，並且和贊助人一同檢討報告。

顧客評估

在顧客接受最終產出之後，就可以對專案進行評估，最好是以意見調查的型態進行。意見調查可用敘述句的方式，讓顧客以一到六或一到十的評分，來表達「非常不認同」到「非常認同」(評分規模最好是奇數，以免顧客選擇正好在中間的數字。這樣你們才能真正了解他／她是抱持正面還是負面的態度，而不是不好不壞)。這種了解顧客對於專案成果看法的陳述句可以包括：

- 最終產出符合我的接受標準。
- 最終產出符合我的期望。
- 產出日期符合我的需求。
- 成本符合我的需求。

- 整體而言，我對專案成果感到滿意。

除了上述之外，也得包括以下這些有關專案管理流程的陳述，譬如：

- 專案計畫完整且有效。
- 專案範疇的界定很清楚。
- 變化管理的流程有效。
- 我參與的程度符合我的需求。
- 狀態報告明確、完整。
- 專案的進度一直都能讓我知道。
- 整體而言，我對於這項專案的管理流程感到滿意。

此外，意見調查裡也要加上一些有關你們專案的陳述句。假如你們的專案是執行某種軟體，那麼你們可以詢問受訪者能否接受這項軟體訓練計畫，以及有哪些事情可以再改進。

顧客訪談

在顧客完成意見調查的問卷之後，就可以進行一對一的訪談。你們可能也想邀請贊助人來參加這類會議。在訪談期間，你們必須探討的問題有二：進行順利的部分有哪些（＋）？哪些是下次可以做得更好的（Δ）？他們的回答可以記錄在「＋／Δ表」（參考圖13-1）。

圖13-1 ＋／Δ表

＋／Δ表		
專案名稱：	專案贊助人：	
專案結果	進行順利（＋）	改善的想法（Δ）
範疇／產出		
團隊組成		
進度		
人力		
支出		
風險		
專案管理流程		
專案初始		
專案規劃		
監督		
變化控制		
溝通		
其他		

誠如各位所見，這張表格裡的主題和意見調查裡的陳述都是相互呼應的。所以各位可以透過訪談的機會，進一步了解顧客對於意見調查中各項議題的看法。譬如，如果顧客對於「專案範疇的界定很清楚」的評分是三，而總分為六，那麼你們可以在訪談中請問對方喜歡範疇界定中的哪一點，以及他們希望下次如何改善的建議。將他們的回答記錄在表內。

重要的是別抱持著自我辯護的姿態，試圖解釋專案進行當中為何沒有做到哪些事情。你在訪談過程的任務只是提出問題和記錄顧客的回覆，而不是為自己的行為辯解。把自己當成客觀的記者，一心只想蒐集資訊。如果你想要解釋，可以要求舉行後續的會議。

最終狀態報告

當顧客完成對專案的評估之後，你們就可以進行最終狀態報告（參考圖13-2）。這和中期狀態報告一樣，不過以下這幾點除外：

- 加上範疇的部分，根據每一個顧客接受標準逐一評估最終產出的符合程度。
- 在進度的部分請列舉出所有主要的里程碑，並以計畫和實際的達成日期並列。如果最終產出並非里程碑之一，則將其列在表中。
- 在人力和支出的部分，請摘要說明人力及支出實際的數量，以及最終獲得批准的計畫總數。
- 在說明計畫變化的部分，請摘要說明對原始計畫所做的改變。最終計畫的部分與範疇（接受標準的改變）、進度、人力及支出中說明最終計畫的欄位應該符合。
- 在最底下那一欄，請說明最終實際總數與最終計畫的總數有何變異，也就是偏離原本計畫或是改變的地方。變異可能是正面的——你們可能提早完成專案；也可能是負面的。不論是負面還是正面，對於變異的原因加以解釋都是非常重要的，這樣大家才有機會了解你們成敗的原因。

圖13-2 最終產出報告

最終產出報告		
專案名稱：	專案贊助人：	日期：
範疇狀態：		
最終產出	接受標準	結果
進度狀態：		
最終產出與 關鍵的里程碑	最終計畫	實際完成
人力與支出狀態：		
	最終計畫	實際數量
人力		
支出		

計畫的變化 （總變化）			
	原始	變化	最終計畫數量
範疇			
截止日期			
人力			
支出			
對於所有變異的解釋：			

贊助人的評估

接著以和顧客同樣的方法請贊助人對專案進行評估。先寄意見調查表給對方，然後進行面對面的訪談。在你們請贊助人進行專案評估之前，請先提供最終狀態報告。

給贊助人的意見調查基本上與提供給顧客的是一樣的（這樣你才能夠比較結果）。不過在專案結果的部分，你們得略為調整陳述的用字遣詞。譬如，原本是「最終產出符合我的期望」的陳述，請改為「最終產出符合顧客的期望」。你們也可以加上這類陳述：「最終產出符合公司的需求。」

你們也得深入探討專案管理的流程。以下這幾項額外的陳述句可能會派上用場：

- 專案計畫的流程進行得很徹底。
- 專案計畫的流程很有效率。
- 利害關係人有效參與專案的流程。
- 專案的資源獲得有效的運用。
- 對於專案範疇所做的改變，在規劃流程當中是不可能預期得到的。
- 專案領導人做得好極了。
- 送到贊助人層級的議題都是適合贊助人介入的議題。

另外還可以加入你覺得有助於取得實用資訊的陳述。在取回意見調查問卷之後，請以和顧客訪談的同樣方式與贊助人進行訪問。採用另外一份＋／Δ表，並且把贊助人的回覆記錄下來。

其他利害關係人的評估

其他利害關係人的意見回饋也很有幫助，譬如資源經理人。與其逐一進行訪談，不妨將＋／Δ表和意見調查表結合起來，請他們回覆之後交回。

要將這兩種表格結合在一起，其實只要在意見調查表內的陳述句旁邊加上兩欄。其中之一標上「進行順利」，另外一欄標上「改進意見」。圖13-3就是一個簡單的形式。

你主要需了解的是他們對於專案管理流程的意見。採用與顧客和贊助人訪談時主要的問題，另外也可以加上與他們切身相關的陳述句請他們表達意見。

- 專案需要哪些資源都會適切地通知我。
- 專案的進度持續讓我知道。
- 我對專案投入的程度讓我感到滿意。
- 我的團隊代表會持續告訴我有關專案的進度。

如果你們對某個特定的回答有疑問的話，可以打電話和對方討論。當你們取得這些意見調查的回覆問卷時，把意見調查的結果整理到一份意見調查表上，好跟團隊成員分享。

圖13-3 利害關係人評估表

利害關係人評估表			
專案名稱：	專案贊助人：		
意見調查陳述	評分	進行順利（+）	改進意見（Δ）
1. 專案計畫完整且有效。	1 2 3 4 5 6		
2. 專案範疇的界定很清楚。	1 2 3 4 5 6		
3. 變化管理的流程有效。	1 2 3 4 5 6		
4. 我參與的程度符合我的需求。	1 2 3 4 5 6		
5. 狀態報告明確、完整。	1 2 3 4 5 6		
6. 專案的進度一直都能讓我知道。	1 2 3 4 5 6		
7. 專案計畫的流程進行得很徹底。	1 2 3 4 5 6		
8. 專案計畫的流程很有效率。	1 2 3 4 5 6		
9. 利害關係人有效參與專案的流程。	1 2 3 4 5 6		

團隊成員的評估

請團隊成員對專案進行評估，所提供的意見調查應該處理以下議題：

- 專案領導的方式（這些問題可以讓專案領導人了解，團隊成員對他／她的表現有何意見回饋）。
- 專案管理流程，其中包括規劃、監督，以及變化控制的效能。
- 團隊流程——團隊齊心合作的程度，團隊會議的生產力有多高。

- 公司對於專案的支持。

以利害關係人意見調查的型態進行了解，這樣團隊成員有機會寫下他們喜歡些什麼，以及哪些還有待改進。

所學心得

當所有的意見調查問卷全數收回之後，你們就可以和團隊成員舉行會議討論所學到的心得。請帶來你們在專案進行期間整理的所學心得列表、最終狀態報告、評估，以及＋／Δ表。當你們在檢討最終狀態報告及意見回饋表時，請在一張海報紙上記下所學到的心得，以便大家接著進行討論。

備註：不要忘了，這個會議的主旨在於學習，所以請不要演變成批鬥大會。除了探討失敗的原因之外，成功之處同樣也要加以了解，因為這裡頭也有你們需要學習的心得。我們往往把焦點集中在探討錯誤，以及如何更正錯誤的方法上，可是分析成功的原因，以及如何延續這樣的成功經驗也是同等重要。

改善建議

當你們掌握所學得的心得之後，即可討論如何將這些心得變成改進公司整體專案管理體系的建議。改善的建議清單會比所學心得清單短一些，因為並不是所有學得的經驗都適合提出建議。

在你們的終結報告裡加入這些改善整體專案管理體系的建議。

終結報告

終結報告是專案的最後一份報告。裡面包括了執行摘要、最終狀態報告、所學心得清單，以及改進的建議。在你們草擬終結報告之後，即可和贊助人安排會議，加以檢討之後才能發表。在贊助人許可之後，你們即可發表這份報告，並且把所有的專案文件歸檔。大功告成之前還有一件事：可別忘了慶祝。

慶祝

花個一分鐘，或是更長的時間好好嘉獎一下自己所達成的成就。慶祝的方式有很多種——午餐餐會、比薩派對、咖啡和甜甜圈。不管你們選擇什麼形式，都是一種結束專案的儀式。感謝全體人員和個別成員的貢獻。如果專案很成功，你們也可以公開舉行慶祝儀式。如果專案並不成功，你們還是必須感謝投入的人員。他們為了專案辛苦付出，這樣的苦勞是值得肯定的。

如果專案很成功，而且你們團隊一路走到「表現階段」，那你們就更有理由舉行終結儀式，因為現在你們已進入了哀悼階段。大家對於離開團隊都感到非常難過。合作的過程讓大家都獲得很大的收穫，這樣愉快的經驗是很難能可貴的，所以大家都覺得依依不捨。肯定大家相處的好時光，並互道珍重再見。這樣做有助於為專案畫下句點。

內容與流程查核

各位可用以下的查核清單檢驗專案的終結階段。

- ❑ 顧客、贊助人、團隊成員，以及利害關係人對於產出和專案流程是否提供真誠的意見回饋？
- ❑ 最終狀態報告是否完成？
- ❑ 每個團隊成員是否都對專案進行評估？
- ❑ 你們有沒有討論和擬定一份所學心得的清單？
- ❑ 團隊有沒有就改進的建議達成共識？
- ❑ 專案領導人在發表終結報告之前，有沒有和贊助人討論這些建議？
- ❑ 專案領導人有沒有感謝每一個團隊成員？
- ❑ 團隊有沒有慶祝其成就？

第14章

總結

說到這兒我們已經介紹了許多主題，如果各位確實照著CORE PM法的步驟，現在應該已經抵達翡翠城市。現在是回顧、檢討所學的時候了。專案有七大成功要素。

七大成功要素

專案七大成功要素的重點在於，個別專案團隊可以、而且應該專注在哪些事情上，才能讓專案更為成功。這七大要素包括：

1. 採用有效的方法。
2. 對於規劃的投資。

3. 讓顧客參與。
4. 讓專案可以管理。
5. 建立團隊。
6. 有效的溝通。
7. 從錯誤中學習。

讓我們在此逐一深入探討這些要素。

關鍵要素一：採用有效的方法

像是CORE PM法這類有效的方法，能提供你們成功完成專案所需的步驟和工具。自行開發一套方法其實並沒有實質的意義，除非你們是專案管理的專家，擁有豐富的經驗。你們最好採用已經經過實際驗證的方法，專注在帶領團隊進行這些步驟。

第一項關鍵要素裡最重要的元素，就是「採用」這兩個字。如果不採用的話，沒有任何一種方法會有效。光看而不用是無法創造任何實質成效的，試著應用你們在此學到的工具和技巧。請你們團隊的其他成員也一同了解這個方法，然後大家一起嘗試。

你們一開始無須採用整套方法，只需寫下專案核准書，或是做一些風險評估。

試著和團隊成員建立進度表，或是完成團隊契約。不管你們實際採用的是哪個部分，對你們的專案都會有所助益。

關鍵要素二：對於規劃的投資

大多數專案團隊在投入執行階段之前都沒有擬定專案核准書或是加以規劃。他們以為只要著手創造產出，就可以縮短專案所需的時間。不過，對於規劃的投資可以：

- 有助於確保最終產出能夠滿足顧客。
- 有助於避免日後滋生問題，將重新來過的可能性降到最低。
- 在開始工作之前確定你們朝向正確的方向進行。
- 縮短專案所需的全部時間。

投資規劃有以下三個方法：

1. **了解顧客的需求**。確定你們解決的是真正困擾顧客的問題，以及你們正在執行的方案是最好的解決方案。持續檢核，了解你們的最終產出是否真能協助顧客解決困擾他們的問題。
2. **展開專案之前一定要有一套專案核准書**。這份文件會列舉出管理階層的期望——專案的方向，以及任何存在的資源限制。如果沒有專案核准書就展開專案工作，就好像啟程去度假，可是腦袋裡根本沒有目的地。如果反正沒有人期望你在某個時間某個地點出現，那倒也無所謂。可是如果有的話，那可就不妙。管理階層會期望你抵達某個目的地，所以你必須了解這個目的地是什麼。

3. **和團隊一同擬定專案計畫**。確定你們仔細地定義範疇、利害關係人、你的風險計畫、進度表，以及預算。計畫需由贊助人、顧客、資源經理人，以及任何其他的關鍵利害關係人同意。專案計畫就是指引你們如何抵達目的地的地圖，圖中會清楚界定你們要去的地方、打算有多少個「維修站」、打算什麼時候休息吃飯——所有能讓你們安全抵達終點的細節。

關鍵要素三：讓顧客參與

專案存在的目的就是滿足顧客。可是專案團隊卻很難找出顧客、明確了解他們的需求和希望，然後將此轉為顧客也可以同意和了解的顧客需求條件。要確定專案產出能夠符合顧客需求最好的辦法，就是讓顧客參與專案流程，特別是在界定專案範疇的初期階段。這樣做有助於避免顧客不滿、範疇蔓延，或是對專案範疇不斷改變，而且這也有助於顧客接受專案和其結果，並將其視為己任。

在你們蒐集到顧客的要求條件，而且顧客對此也都表示同意之後，還是應該讓顧客參與專案的進行。在適當的時候，應該讓顧客的代表加入專案團隊。這樣一來，你們便可持續獲得顧客方面的意見。團隊代表在顧客那邊也等於是團隊的大使。

在執行階段，專案領導人應該定期和顧客見面，就專案進度進行報告，並且蒐集攸關專案的意見回饋和資訊。當有問題出現的時候，讓顧客知道你們備有行動方案可以解決。如果有問題對顧客造成衝擊，先徵詢顧客應該如何解決問題的意見，然後提供一些方案供他們選擇，接著回報執行的進展情形。

在顧客接受最終產出之後，請他或她評估專案的成果，並且對專案創造這些成果的流程加以評估。

顧客可能是你們在專案進行上的最佳盟友，因此請好好加以運用。

關鍵要素四：讓專案可以管理

專案進行時，情況很容易就會讓人覺得難以掌控。目標好像難以達到，資源有限，還有一群不知如何是好的人。這時候不要驚慌，只要把目標界定清楚——最終產出，然後把目標分解成各個環節、中期產出，再把它們組織成分支專案。每個分支專案都要分配一個負責人。

讓專案可以管理，表示讓它可行，當專案有可行性的時候，自然就可以完成。

在CORE PM法中，我們專注在產出（也就是結果），而不是活動上（亦即流程中的工作）。大多數其他的方法都是專注在活動上。專注在產出會有以下這幾點好處：

- **你們可為產出界定明確的責任**：應該由誰負責完成、截止日期、預算多少，以及品質標準。
- **產出很容易監督**。只有兩種情況：一是如期在預算限制之內完成，並符合顧客的接受標準，另外一種則是正好相反。
- **你們不會迷思在各種細節之中**。比較大型的專案可能會有許多活動，讓各種活動之間的互依關係很難界定。可是當主要的專案團隊專注在產出上時，細節就可以交給分支專案去關注，這樣一來各種活動之間的互依關係就清楚得多，而且可以比較輕易地管理。

關鍵要素五：建立團隊

專案領導人主要的角色之一，就是建立團隊。在此且讓我們探討團隊組織的幾個重要元素。

讓團隊參與專案的規劃

建立有效的團隊應該從專案一開始就著手進行。評估團隊需要哪些技能及利害關係人代表，然後讓這個團隊協助專案計畫的開發。

當你們進行到執行階段時，讓團隊參與可以讓專案的進行更上軌道。團隊成員把專案的執行視為己任，會加強大家解決問題的決心。他們會把專案的成敗視為自己的責任，如果有問題出現，整個團隊都會齊心協力地加以解決，而不是光靠專案領導人。

採用以團隊為基礎的視覺工具和技巧

以團隊為基礎的工具可以讓整個團隊參與專案的流程。如果你們熟悉大家圍坐在一起討論的會議型態，可能一開始會很難接受這種同時應用三種感官學習風格的團隊工具。不過一旦開始之後，你們就不會想要回到純粹聽覺模式的開會型態。只要拿支奇異筆站起來，把每個點子或議題寫在便條紙上，貼在海報紙或長條紙上。更棒的是，讓團隊成員寫下他們的點子，大聲說出來，然後自行貼在紙上。

如果你們想要激發出許多點子，而且需要迅速地加以組織，那麼不妨試試親合圖法。想要找出問題的癥結嗎？試試看關聯圖法。想要把點子清單縮小嗎？不妨採用多層次投票法。想要分析點子並從中找出最好的嗎？可以採用MT決策矩陣。我們討論過的這些團隊工具，都可以讓團隊參與，利用他們的知識和專業，為專案創造最好的成果。

扮演促進者的角色，而不是指揮者

在舊的管理模式裡，專案管理者的角色就彷彿指揮者一般，決定應該做些什麼，然後把任務分配給團隊成員。不過在新的模式裡，專案領導人就好像是促進者。促進的三大重要原則為：(1)重視個人的差異；(2)創造及維繫安全的環境；(3)專注在流程，而不是內容。只要促進流程，並且確定團隊擁有最適任的人選，內容自然會水到渠成。

管理團隊流程

每個團隊都會經過團隊發展的各個步驟，可是並非所有的團隊都能達到最高境界——表現階段。專案領導人的任務之一就在於管理團隊流程，讓團隊可以發展到表現的階段，每個人對於自己所做的工作都感到滿意、有生產力，而且充滿樂趣。管理團隊流程得從一開始做起，一直到最後終結為止。採用參與式、以團隊為基礎的專案管理工具可以有助於團隊的建立。

團隊流程和專案管理流程的領導需要嶄新的領導技巧，這些領導技巧包括：

- 團隊技巧。
- 促進技巧。
- 化解衝突技巧和工具。
- 有建設性的意見回饋技巧。
- 解決問題的工具。
- 腦力激盪的工具。
- 決策工具。
- 溝通工具。
- 專案管理工具。

關鍵要素六：有效溝通

不管是在哪一家公司，溝通都是個挑戰。不過，當你在從事專案工作時更是如此。專案就好像創業一樣。公司之所以交付專案的任務，就是為了開發一些新的東西，或是改善一些既有的事物。這時候團隊組織起來，並且找出顧客和利害關係人。內部和外部的溝通流程也都必須建立起來。

內部的溝通主要是透過團隊會議、語音郵件和電子郵件。專案領導人需要為團隊會議建立一套進度，這些會議需要良好的會議管理技巧。有效的會議對於建立有生產力的溝通管道極為重要。此外，團隊成員之間，以及專案領導人和團隊成員之間的正式資訊流通需要加以界定。譬如，團隊開會之前是否應該完成狀態更新報告？如果答案是肯定的話，那麼應該在什麼時候完成？

在外部溝通當中，最重要的首當專案領導人和贊助人與顧客之間的溝通。除了開發和許可專案時所做的溝通之外，贊助人和顧客也持續更新專案狀態及改變的要求。

除此之外，其他的利害關係人（譬如資源經理人）也得隨時掌握專案進度。這是透過專案團隊的聯絡員進行的，而這也就是專案團隊裡負責和利害關係人溝通的團隊成員。

溝通工作雖然好像很花時間，不過這絕對是值得的；如果你們在從事的專案會為公司帶來改變，或是創造一些非常新的事物，溝通的重要性更是不容置疑。和利害關係人溝通，協助他們為專案成果做好準備的重要性，絕對不下於專案工作本身。

關鍵要素七：從錯誤中學習

最重要的關鍵可能要屬從錯誤中學習，這樣才能避免日後再犯同樣的錯誤。從成功的經驗中學習也是同等重要，這樣你們下回才能重複同樣的成功經驗。

在專案進行的過程當中，大家都會從經驗教訓中學習，並且妥善地加以記錄。此外，在專案即將進入尾聲的時候，務必要花些時間重新檢討在專案進行當中所發生過的事情。邀請顧客、贊助人，以及利害關係人一起就專案進行評估。哪些事情做得好？哪些是可以再改進的？並且請團隊成員就專案進行評估。哪些事情進行得很順利？他們從中學到了什麼？

當你們將所有學得的心得紀錄歸檔之後，不妨進行追根究柢的分析（關聯圖法），找出問題的癥結。這樣一來，日後才能避免重蹈覆轍。

在專案進行的過程中，團隊和利害關係人就如何改善專案工作，不斷地提供意見回饋同樣也很重要。愈早知道哪裡有問題，你們就可以愈早加以解決。

你們可將這次專案學到的心得寫成規範或查核清單，以便下次專案團隊使用。每個專案團隊都可以從上一個團隊的經驗裡學習，以改善整個公司成功執行專案的能力。

結論

只要遵行CORE PM法的七大成功要素，大多數的專案肯定能抵達翡翠城市。可是有時候就算再努力，有些專案還是一敗塗地。專案的本質就是如此，因為你們要開創一些新的事物，或是改善一些事情，有時候技術失靈，或是公司內的人事鬥爭造成阻礙。本書介紹的工具、建議，以及技術，會讓專案成功的機會大增。試試看，絕對有利無害。

附錄A

專案領導的自我評量

請對自己的領導技巧進行評估，對以下自我評估的陳述，以一到六的分數評之：

1＝幾乎從來不

2＝偶爾一次

3＝不到一半的時間

4＝超過一半的時間

5＝大多數的時間

6＝總是如此

#	陳述	評分
1.	我確定團隊擬定團隊契約，並且遵守契約內容。	1 2 3 4 5 6
2.	我要求專案團隊採用以團隊為基礎的決策工具，迅速、有效地做出決定。	1 2 3 4 5 6
3.	我確定團隊清楚明白哪些決策屬於團隊的範疇之內，哪些則否。	1 2 3 4 5 6

#	陳述	評分
4.	我會把團隊會議裡交流的資訊全部記錄在海報或長條紙上。	1 2 3 4 5 6
5.	我為團隊創造一個無須懼怕和指責的環境。	1 2 3 4 5 6
6.	我尊重對待團隊裡的每一個人。	1 2 3 4 5 6
7.	我確定每個人都有平等參與的機會。	1 2 3 4 5 6
8.	當我們在進行腦力激盪的時候，我會確定每一個點子都記錄下來，而且沒有人隨意評斷這些點子。	1 2 3 4 5 6
9.	當有必要的時候，我會為團隊提供有建設性的個人意見（正、負面意見都歡迎）。	1 2 3 4 5 6
10.	我建立的團隊流程能夠接納不同的思想、處理和學習風格。	1 2 3 4 5 6
11.	我發揮有效傾聽的技巧，確定自己了解對方所說的話及感受。	1 2 3 4 5 6
12.	我確定採取雙贏的解決方案化解衝突。	1 2 3 4 5 6
13.	我親自肯定團隊成員的成就。	1 2 3 4 5 6
14.	我不怕自己的點子受到挑戰。	1 2 3 4 5 6
15.	我能夠向團隊學習，而且的確付諸實行。	1 2 3 4 5 6
16.	我知道如何管理團隊發展的各個步驟（形成、衝擊、規範、表現，以及哀悼）。	1 2 3 4 5 6
17.	我帶領團隊度過專案管理流程的四個階段。	1 2 3 4 5 6
18.	團隊裡的每個人都參與規劃，以及監督專案的進行。	1 2 3 4 5 6
19.	團隊裡的每一個人都很清楚知道他們的職責所在。	1 2 3 4 5 6
20.	我和贊助人及顧客保持良好的關係。	1 2 3 4 5 6
21.	我由團隊成員評估每次會議的＋／△表。	1 2 3 4 5 6
22.	我會定期為我們的成功事蹟舉行慶祝儀式。	1 2 3 4 5 6
23.	在向贊助人或顧客尋求協助之前，我會協助團隊解決問題。	1 2 3 4 5 6
24.	我會隨時通知贊助人和顧客有關專案進行的狀態。	1 2 3 4 5 6
25.	我確定在終結階段時大家不會彼此交相指責，以便真正從中學到東西。	1 2 3 4 5 6

附錄B

思考風格

思考風格可分為四種：左腦型的大腦、左腦型的邊緣系統、右腦型的大腦，以及右腦型的邊緣系統。為了解說方便，我們為這四種風格分別命名，如表B-1所示。

這些思考風格為專案團隊帶來重要的思考技巧。

分析型

分析型的人講究邏輯和事實，偏好量化的數據和精確度。思考風格屬於分析型的人，有助於專案團隊在深思熟慮之後做出合乎邏輯的決定。

表B-1 思考風格

類別	名稱
左腦型的大腦	分析型
左腦型的邊緣系統	時序型
右腦型的大腦	全觀型
右腦型的邊緣系統	人際關係型

時序型

時序型風格的人善長組織和規劃，比較喜歡務實地解決問題。具備這種思考技巧的人，有助於團隊進行組織及推動執行。這類型的人天生善長專案管理。

全觀型

全觀型思考的人善於從大局著眼，比較喜歡探索新的可能性和點子。具備全觀型思考特質的人會協助團隊進行腦力激盪，想出新的點子、整合資訊、解決問題。他們有助於團隊的思考超脫框架。

人際關係型

人際關係型的思考者擅長為團隊營造樂觀的氣氛和維繫士

氣，他們會協助團隊度過團隊形成的各個階段。具備人際關係型思考技巧的人有助於促進和諧、化解衝突，並且協助團隊人員保持良好的人際關係。

這四大類型當中各自擁有十六種風格。有些人思考風格的長處集中在某一大類，其他人的長處則分布在不同的類別。

在團隊環境裡，了解每個人及整體團隊思考模式的優缺點是很重要的。譬如，如果分析型這一類思考風格的人不夠，那麼專案團隊領導人就得更加費心，確定他們所做出的決定有事實和數據做依據，而不是單憑直覺而已。第十一章討論過的MT決策矩陣就是個不錯的分析工具，可以用來補強團隊的分析。

附錄 C

團隊契約的樣本

A. 承諾

我們團隊會：

1. 只同意去做我們有資格、有能力的工作。
2. 對於專案的範疇進度、人力，以及成本的規劃和報告都很誠實、務實。
3. 以主動積極的態度運作，預期潛在的問題，並且努力預防這些問題的發生。
4. 如果有任何變化可能影響到顧客和贊助人，我們會迅速通知。
5. 讓其他團隊成員可以掌握訊息。
6. 有關我們顧客的獨家資訊絕對保密。

7. 專注在整體專案的利益。
8. 有始有終完成專案。

B. 團隊會議基本規則：參與

我們會：

1. 除非有另外指示，否則在團隊會議裡提出的重要議題絕對保密。
2. 開會時態度誠實、公開。
3. 所有的主題都鼓勵多元的意見。
4. 讓大家都有平等的參與機會。
5. 抱持開放的心胸接受新的方法，並且傾聽新的點子。
6. 出錯的時候不要交相指責，請務必傾聽。我們會討論流程，並且探討如何改進。

C. 團隊會議基本規則：溝通

我們會：

1. 首先要先了解別人，然後讓別人了解我們。
2. 說得清楚、正對要點。
3. 採用積極、有效的傾聽技巧。
4. 避免大家的討論脫軌離題。
5. 運用畫圖、圖表之類的視覺工具，促進大家討論。

D. 團隊會議基本規則：解決問題

我們會：

1. 鼓勵每個人參與。
2. 歡迎所有的點子（不是批評），因為我們得跳脫平常的思考模式才能得到新的概念。
3. 就彼此的點子加以論述。
4. 在適當的時候採用團隊工具，以便解決問題。
5. 如果有資料，則利用資料解決問題。
6. 不要忘了，解決問題是一種創意的流程——往往會產生新的點子和新的理解。

E. 團隊會議基本規則：決定

我們會：

1. 只要可行，就根據數據資料來做出決定。
2. 努力找到所需的資訊或數據。
3. 在選擇方案之前，先就標準（成本、時間、影響等等）進行討論，以做出決定。
4. 鼓勵大家對資料提出不同的解讀，並且進行探討。
5. 在做出決定之前，先徵詢全體團隊的意見。
6. 在團隊會議或是私下和其他團隊的成員討論疑慮，不會在不適當的情況下和非團隊成員的人討論。

7. 在做出決定之前，詢問全體團隊成員會不會支持這項決定。

F. 團隊會議基本規則：衝突的處理

我們會：

1. 把衝突視為正常的狀況，且是成長的契機。
2. 在找出解答或解決方案之前，會先了解每個相關人士的利益和希望。
3. 選個適當的時間和地點討論並探索衝突。
4. 抱持開放的胸襟，傾聽其他人的意見。
5. 向對方重複剛才他的言論，並且詢問我們的理解是否正確。
6. 當別人提出有用的論點時加以肯定。
7. 說明我們的觀點及利益，不要批評和攻擊別人的論點。
8. 希望為共識找出共同的立基。

G. 會議行動綱領

1. 每隔 ________ 日／周／月舉行會議。
2. 會議由 ________________________________ 召集。
3. 會議之前 ________ 日／周，議程會由 ____________ 發布。
4. 會議是由 ________________________________ 協助。

5. 每隔 ______ 次會議，就會對會議進行評估。
6. 記錄員會在開會的 ______ 之內公布會議紀錄。

H. 會議程序

1. 會議準時開始及結束。
2. 團隊成員會先做好準備才來開會。
3. 開會時手機和呼叫器都會關機。
4. 每次會議快要結束時，都會對下次會議的議程進行討論。
5. 採用停車場機制，以掌握和主題不符的點子和疑慮。
6. 沒有當場解決的議題會加入議題清單。
7. 如果某個團隊成員不能來開會，他／她會派代表參加，並且賦予決定的權利。
8. 會議的工作由團隊成員輪流負責。

簽名（團隊成員）：

____

____

____

____

____

____

附錄D

MT問題解決方法論

馬丁泰特（MT）問題解決方法論稱為DAS/IR。在頭三個階段（DAS）是對問題加以界定（**D**efine stage，界定階段）、分析（**A**nalyze stage，分析階段），然後選出解決方案（**S**elect stage，選擇階段）。IR則是用來執行解決方案。

在展開重大的專案執行工作之前，必須進行這頭三個步驟。

第一個步驟——界定問題（D）。在第一個階段，團隊研究問題以及問題所處的環境。只要是有關這個問題的資料都會經過研究，最後寫下一份問題說明。

第二階段——分析問題（A）。在第二個階段是蒐集資料以釐清問題，並且分析問題的流程，以及問題的癥結所在。最後是撰寫報告說明問題的根本原因。

第三階段——選擇解決方案（S）。第三階段是由團隊進行腦力激盪，想出可能解決問題的解決方案。然後就每個解決方案進行評估，從中選擇最理想的方案。最後是寫一份報告說明解決方案。

不管是何種專案，只要是在執行解決方案之前，都應該進行這三個步驟的流程。各位務必要記住的是，在任何專案執行工作展開之前，務必要確定找出問題的根本原因。如果需要一組人馬才能為問題找出定義和解決方案時，這個解決方案的三步驟流程本身就成為一個專案——需要展開、計畫、執行，然後終結。

最後面兩個步驟——執行和檢討（Implementation and Review, IR）也是一種專案。在執行過程中，團隊設計解決方案，然後試行。如果試行成功，接著就是向全體推出這項解決方案。在檢討的時候，這個解決方案的績效數據會和問題的原始資料進行比較，以便確定這個解決方案的確能解決問題的癥結。如果有必要的話，必須對解決方案進行更正，然後交由商業流程經理人，由他負責這個解決方案的維繫工作。

附錄E

專案管理的自我評估

以下這項意見調查有助各位對本身的專案管理能力進行評估。請以一到六的分數，評估以下自我評估的陳述。

1＝幾乎從來不

2＝偶爾一次

3＝不到一半的時間

4＝超過一半的時間

5＝大多數的時間

6＝總是如此

#	陳述	評分
1.	我的專案及時完成。	1 2 3 4 5 6
2.	我的顧客對於專案管理流程和所產生的最後產出感到滿意。	1 2 3 4 5 6
3.	利害關係人對於專案管理流程感到滿意。	1 2 3 4 5 6
4.	我的專案是在預算的限制之內完成的。	1 2 3 4 5 6

#	陳述	評分
5.	當我管理專案時，採用的是參與式的專案管理法。	1 2 3 4 5 6
6.	我絕對不會在沒有專案核准書的情況下展開專案。	1 2 3 4 5 6
7.	我舉行參與式的起始會議，以便介紹專案團隊人馬。	1 2 3 4 5 6
8.	我會確定大家都了解顧客的需求。	1 2 3 4 5 6
9.	我會確定顧客的條件界定得非常清楚。	1 2 3 4 5 6
10.	我會確定團隊找出利害關係人的利益所在，並且加以管理。	1 2 3 4 5 6
11.	團隊會為專案界定範疇的疆界。	1 2 3 4 5 6
12.	顯示各個分支專案和產出明確職責的分支專案樹，是由專案團隊完成的。	1 2 3 4 5 6
13.	我的每個專案都會進行風險評估，並且找出對策以便降低風險，同時將這些對策納入專案計畫之中。	1 2 3 4 5 6
14.	我的進度表中會加入意外要素，以便反映無法預知的問題。	1 2 3 4 5 6
15.	專案計畫之中記錄人力需求的條件。	1 2 3 4 5 6
16.	專案計畫會經過贊助人、顧客，以及主要的利害關係人檢討，並獲得他們的許可。	1 2 3 4 5 6
17.	每個專案計畫文件裡都有變化管理流程。	1 2 3 4 5 6
18.	主要的專案團隊焦點在於產出，並讓分支專案可以專注在活動上。	1 2 3 4 5 6
19.	主要專案和分支專案層次都會仔細地管理彼此之間的相依關係。	1 2 3 4 5 6
20.	分支專案領導人獲得授權，可以完成自己負責的工作，並對結果負責。	1 2 3 4 5 6
21.	所有的專案狀態報告都採用標準的格式。	1 2 3 4 5 6
22.	狀態報告表格裡記錄所需的實際人力。	1 2 3 4 5 6
23.	專案團隊在終結流程當中會進行顧客的評估。	1 2 3 4 5 6
24.	終結報告裡記錄所學得的心得及改進的建議。	1 2 3 4 5 6

Glossary

字彙解釋

A

Accountability／職責：確認成果的達成，通常是透過他人的努力。

Accuracy rating／準確度評等：以高、中、低的評等，說明團隊對於某個估計值的信心程度。

Ad hoc member／特別成員：僅有受邀時才能參加團隊會議的人。

Affinity diagram／親合圖：找出點子並把它們組織起來的團隊工具。

Assumption／假設：認定為真的事情。

Auditory learner／聽覺的學習者：適合透過談話、討論或傾聽來學習的人。

B

Brainstorming／腦力激盪：激發點子的流程。

Budget／預算：批准給予專案使用的人力時間以及／或是金錢總數。

Budget risk／預算風險：可能導致團隊預算超支的潛在問題。

Business case／企業個案：專案為何獲得授權的理由。專案與公司的策略性目標有何關聯。

Business process／商業流程：將投入要素轉變為重複性產出的一連串步驟。除了專案之外，這是完成工作的方法之一。

C

Change log／變化日誌：專案領導人追蹤變化申請狀態的方法。

Change management／變化管理：對專案計畫進行改變的結構性流程。

Change request／變化申請：從專案內外部之人員提出對專案計畫加以修改的要求。

Charter／專案核准書：啟動階段的產出。其中列舉團隊在計畫專案時，所抱持的期望和所面臨的限制。

Close-out phase／終結階段：這是專案管理的最後一個階段，對專案進行評估，提出意見回饋，並且掌握所學到的心得。

Close-out report／終結報告：這是終結階段的產出。其中包括了最終狀況報告、評估、意見回饋文件、所學得的新經驗，以及對專案系統的改進建議。

Consensus／共識：團隊之中每個人都能夠接受某個決定的協議。

Constraint／限制：團隊不能去做的事情，或是專案無法獲得的資源。

Contingency／意外：為了無法預知的未來所編列的儲備資源（時間、人力或金錢）。

CORE PM™：參與式、以團隊為基礎的專案管理方式。由馬丁泰德公司所開發。

Cost risk／成本風險：與預算風險一樣。也就是可能導致團隊預算超支的潛在問題。

Countermeasure／對策：預防或是降低某個風險的活動或產出。

Criteria／標準：賴以做出決定的要素。

Critical path／要徑：貫穿整個進度表，沒有任何寬放時間的路徑就稱為要徑。這是貫穿進度表最長的路徑，決定最終產出的產出日期。

Customer acceptance criteria (CAC)／顧客接受標準：顧客賴以決定是否滿意最終產出的標準。

Customer evaluation／顧客評估：在交付產出之後，顧客評估對專案的滿意程度。

Customer need／顧客需求：專案的最終產出可為顧客解決的問題。

Customer requirements／顧客需求條件：顧客希望最終產出具備的特定特色或功能。

D

Deadline／截止日期：由專案團隊之外的某個人（通常是贊助人或顧客）所設定的產出日期。

Decision options／決策方案：做出最後決定之前，可供團隊選擇的方案。

Deliverable／產出：專案技術流程的成果。

Deliverables schedule／產出進度表：顯示各個專案產出之產出日期，以及彼此之間互依關係的進度表。

Deliverables staff effort／產出人力：為專案創造產出所需的內部人力。

Delivery date／產出日期：在技術流程裡，安排產出必須交付給下一個顧客的日期。

Directive project management／指導式專案管理：這是屬於舊式的管理技巧。專案經理規劃之後，將任務分派給團隊成員，然後追蹤個別成員的進度，確保他們準時完成任務，然後終結專案。

Duration／期間：完成產出或是活動所需的行事時間。

E

Empowerment／賦權：將決定權盡量下放，這種行為和微觀管理正好相反。

End customer／終端顧客：最終會使用開發出來之產品或服務的顧客，也就是最終的使用者。

End user／終端使用者：使用某個產品、服務或流程的人。

End-user requirements／終端使用者需求條件：終端使用者要求最終產品、服務，或是流程應具備的表現特色。

Execution phase／執行階段：專案管理流程裡，創造出產出以及追蹤流程的階段。

Executive summary／執行摘要：為資深管理階層撰寫的簡短報告。

Expectations／期望：顧客希望能夠達成的事物。

External costs／外部成本：在公司之外產生的專案費用。

External customer／外部顧客：在公司之外的顧客。

F

Facilitation／促進：協助某個人或團體進行流程的行為。

Features／特色：最終產出特定的特質。

Final deliverable／最終產出：專案執行階段交付給專案顧客的最終成果。

Final status report／最終狀態報告：這是專案的最終狀態報告，在專案顧客接受最終產出之後完成的。

Forming stage／形成期：專案團隊建立的第一個階段。這時候團隊人員開始彼此認識。

Functional manager／部門經理：部門或資源的負責人，也稱為資源經理。

G

Gantt chart／甘特圖：用圖呈現每個產出或活動期間的進度表。

H

Historical data／歷史資料：從以往專案蒐集而來的資料。

I

Icebreaker／打破僵局：讓團隊裡的人覺得比較自在的工具。

Impact analysis／衝擊分析：這是評估專案計畫會受到什麼影響。

Initial team／起始團隊：最初選出的專案團隊。

Initiation／啟動：這是專案管理第一個階段。在這個階段會確定專案的整體方向及限制。

Input／投入：這是流程之中所使用的供給。

Input/output chain／投入／產出鏈：各個中期產出彼此相依關係和環環相扣的工作流。

Interdependencies／相依關係：任何系統都會存在這種依賴關係，也就是一組人馬得仰賴某種特定的投入要素，或是得接獲某種特定的產出。

Interim deliverable／中期產出：技術流程最終產出產生之前的產出。

Internal costs／內部成本：公司內部各個部門彼此收取的專案費用。

Internal customer／內部顧客：公司內部的顧客。

Interrelationship digraph／關聯圖法：協助團隊找出問題根本原因的團隊工具。

Issues list／議題清單：列表紀錄重要性不足以加入專案進度表之內的行動，或是需要解決的議題。

K

Kick off／展開：通常是專案團隊的第一次會議，也就是正式推出專案。

Kinesthetic learners／動覺學習者：適合透過實際去做或感受

來學習的人。

L

Large project／大型專案：成員人數超過十個人的團隊。

Lessons-learned list／所學心得清單：將專案成敗所學到的心得彙整出一份清單。

Liaison／聯絡員：團隊裡負責與利害關係人溝通的人。

M

Method／方法：這是完成某件事情的系統。

Milestone／里程碑：專案進行中的一些主要成就。

Milestone schedule／里程碑進度表：說明專案的主要成就會在何時完成的進度表。

Mourning stage／哀悼期：這是團隊建立流程的最後一個階段。

MT Decision matrix／MT決策矩陣：這是協助團隊分析各種方案，並且從眾多方案當中做出選擇的團隊工具。

multivoting／多層次投票法：為某個決定選擇一個或多個方案的團隊工具。

N

norming stage／規範期：布魯斯・塔克曼所提，團隊建立流程的第三個階段。通常來說，在這個階段每一個人都已經接受本身任務的職責。

O

Output／產出：流程最後產生的產品。

Oversight／監控：高階主管監督專案的狀況，以確定專案的進行沒有脫軌。

P

Parking lot／停車場：這是一種管理會議的工具，無須立刻做出決定的疑慮或點子可以暫時放置在這裡。

Participative project management／參與式專案管理：這是管理專案的新方法，團隊人員和專案領導人合作擬定專案計畫，監督及追蹤專案的進行，並且為專案終結。

Performing stage／表現期：這是布魯斯・塔克曼團隊建立流程的第四個階段。在這個階段，團隊已經達到最理想的表現狀況，團隊成員彼此支援，達成專案的目標。

Phase／階段：專案管理流程之中的一組活動。

Phase gate／階段門檻：每個專案管理階段結束時，選擇要繼續或停止的決定。

PI matrix／PI矩陣：根據各項風險發生的可能性和影響，以格狀圖來組織寫有風險名稱的便條紙。

Plan／計畫：說明某件事情應該如何完成的文件。

Planning phase／規劃階段：這是專案管理流程的第二個階段，此時提出專案應該如何執行的計畫，並且獲得通過。

Plus/delta form／＋／△表：這個表格讓團隊得以掌握哪些事情進行得很順利，以及哪些點子還有待加強。

Predecessor／先行要素：在下個產出或活動之前必須完成的產出或活動。

Process／流程：這是把投入要素轉變為產出的一連串步驟。

Product／產品：透過一個流程產生的實質或非實質商品。

Project／專案：為了產生某種獨特產出所進行的暫時性努力。

Project leader／專案領導人：透過專案的四個步驟領導專案團隊的人物。

Project management／專案管理：運用知識、技能、工具，以及技巧，以達成或超越顧客對於專案的期望。

Project management staff effort／專案管理人力：專案團隊成員花在專案管理活動上的時間總數，譬如參加會議、撰寫報告、規劃等等。

Project objectives／專案目標：專案的目的。這是專案必須完成的重要成就。

Project plan／專案計畫：說明如何執行專案的完整計畫，也就是規劃階段的產出。

Project priorities／專案的優先要務：專案的三大限制優先順序排列——範疇、進度和預算。

Project team members／專案團隊成員：參與主要專案團隊的人。

R

Range／範圍：從最低到最高的數字，這通常是用來說明人力和支出的估計值。

Resource managers／資源經理人：又稱為部門經理。他們提供專案所需的資源，主要是人力。

Resource planning／資源規劃：說明誰將會參與專案團隊、這項專案會花多少時間，以及花費多少的計畫。

Rework／重複工作：因為工作第一次做錯了，結果得重新來過。

Risk assessment／風險評估：找出、分析，以及避免風險成真的流程。

Risk identification／風險辨識：透過腦力激盪，找出專案裡可能出現哪些潛在問題的流程。

Risk impact／風險影響：風險如果成真，會對專案造成什麼影響。

Risk probability／風險可能性：這是風險成真的機率。

Risk rating／風險評等：團隊判斷專案的風險程度。

Risks／風險：專案可能發生的潛在問題。

S

Schedule／進度表：根據專案的時間軸所安排的產出或活動完成日期。

Schedule risk／進度風險：可能導致團隊無法在截止日期之前完成任務的潛在問題。

Scope／範疇：關於專案將為顧客生產哪些內容的界定。

Scope boundaries／範疇疆界：專案範疇周圍的界線，說明哪些屬於專案的範疇之內，哪些則否。

Scope description／範疇說明：這是以書面的方式說明最終產出的特色和功能。

Scope plan／範疇計畫：這是專案計畫裡與範疇有關的部分。這當中包括最終產出的範疇說明、顧客的接受標準、範疇疆界，以及利害關係人清單。

Scope risk／範疇風險：可能導致團隊無法達到顧客接受標準的潛在問題。

Service／服務：一個人為別人做事的行為。

Slack time／寬放時間：寬放時間是指，某個產出之產出日期和下一個產出之起始日期之間的額外時間。

Small project／小型專案：團隊人數只有十個或不到十個人的專案。

Software scheduling program／軟體排程程式：可將產出進度表轉變為電子型態的軟體程式。

Spending budget／支出預算：獲得通過的支出估計值。

Spending estimate／支出估計值：專案預期的成本。

Spending limit／支出上限：可以用在專案上的資金上限。

Sponsor／贊助人：專案領導人和管理團隊之間的聯絡員，對專案進行監控。

Sponsor evaluation／贊助人評估：贊助人對專案進行的評估。

Staff effort／人力：公司內部人員會花在專案上的時間量。

Staff-effort budget／人力預算：獲得通過的人力估計值。

Staff-effort costs／人力成本：每個人或分支專案乘以該人或該分支專案之人力估計值的金額。

Staff-effort estimate／人力估計值：每個人或分支專案完成專案所需時間的預估值。

Staff-effort limit／人力上限：這是公司內部人員可以花在這個專案上的時間上限。

Stage gates／步驟門檻：在專案技術流程裡做為「繼續／不繼續」的決定點。

Stakeholders／利害關係人：任何會受到專案影響的人或團體。

Status report／狀態報告：專案執行階段期間發表的報告，說明專案是否脫離正軌。

Storming stage／衝擊期：這是塔克曼團隊建立流程的第二個階段。在這個階段，團隊內部對於要做些什麼，以及由誰來做的議題產生衝突。

Subproject／分支專案：主要專案中，負責生產一連串產出的分支。

Subproject leader／分支專案領導人：帶領分支專案團隊走過專案管理流程的人。

Subproject team／分支專案團隊：完成分支專案工作的一群人。

Subproject tree／分支專案樹：顯示分支專案、每個分支專案產出，以及每個分支專案職責的組織圖。

Successor／後行要素：先行產出之後立刻出現的產出。

T

Team contract／團隊契約：這是團隊擬定的協議，規範團隊成員合作時必須遵守的原則。

Team process／團隊流程：協助團隊度過團隊建立各個階段的流程。

Team-based tools／以團隊爲基礎的工具：為了促進團隊參與而特別設計的工具，以團隊為基礎的工具應該具備三種感官學習型態：視覺、聽覺，以及動覺。

Technical process／技術流程：創造產出所使用的特定流程。譬如，軟體專案的技術流程就是軟體開發的流程。技術流程是針對生產出來的產出而言的，和一般專案管理流程有別。

Timeline／時間軸：將整個專案的長度，用日、週或月來表示。

Total quality／全面品質管理：處理顧客焦點、品質的預防與確保的管理技術。

Tracking project progress／追蹤專案流程：判斷專案是否朝向達成專案計畫承諾的正軌。

Triple constraint／三限制：專案當中三項彼此互依的變數：範疇、進度與成本。

V

Variance／變異：實際發生的事情，和預期會發生的事情之間的差異。

Visual learners／視覺學習者：適合透過書面文件、圖表、繪圖之類視覺資料學習的人。

W

Work process／工作流程：產出成果或產出的一組步驟。

Write it! Say it! Slap it!／「寫下！說出！貼上！」：由馬丁泰特公司所開發出來的腦力激盪法。團隊成員把他們的想法寫在即可貼的便條紙上，大聲說出，然後把便條紙貼在牆上的長條紙或海報紙上。

經濟新潮社　〈經濟趨勢系列〉

書號	書名	作者	定價
QA2001	經濟史入門： 馬克思經濟學歷史理論概述	鹽澤君夫等	280
QC1001	全球經濟常識100	日本經濟新聞社編	260
QC1002	個性理財方程式： 量身訂做你的投資計畫	彼得・塔諾斯	280
QC1003X	資本的祕密： 為什麼資本主義在西方成功，在其他地方失敗	赫南多・德・索托	300
QC1004	愛上經濟： 一個談經濟學的愛情故事	羅素・羅伯茲	280
QC1005	國際財經輕鬆學： 掌握經濟趨勢，81個必備的財經觀念	藍迪・查爾斯・艾平	280
QC1006	抉擇： 自由貿易vs.保護主義的寓言	羅素・羅伯茲	260
QC1007	現代經濟史的基礎： 資本主義的生成、發展與危機	後藤靖等	300
QC1008	百辯經濟學： 為娼妓、皮條客、毒販、吸毒者、誹謗者、偽造貨幣者、高利貸業者、為富不仁的資本家……這些「背德者」辯護	瓦特・布拉克	280
QC1009	當企業購併國家： 全球資本主義與民主之死	諾瑞娜・赫茲	320
QC1010	中國經濟的危機： 了解中國經濟發展9大關鍵	小林熙直等	350
QC1011	經略中國，布局大亞洲	木村福成、丸屋豐二郎、石川幸一	380
QC1012	發現亞當斯密： 一個關於財富、轉型與道德的故事	強納森・懷特	350
QC1013	為什麼我們的錢變薄了？： 1. 政府一手主導通貨膨脹的真相 2. 你不可不知的貨幣觀念	莫瑞・羅斯巴德	220
QC1014C	一課經濟學（50週年紀念版）	亨利・赫茲利特	300

經濟新潮社 〈經營管理系列〉

書號	書名	作者	定價
QA1001	勇於負責： 重建個人與組織責任感的神奇法則	羅傑・康納斯等	280
QA1005	職場魅力高手： 塑造權力與影響力的10大祕訣	蘇珊・馬歇爾	280
QA1006	生態經濟大未來	艾瑞克・戴維森	260
QA1007	i-mode贏的策略： 開啟行動商務的新大陸	夏野 剛	280
QA1008	資訊致富： 從資訊演化看未來商機	麥肯納利等	200
QA1009	體驗品牌： 如何建立顧客忠誠度優勢	戴洛・崔維斯	320
QA1010	我懂了！六標準差： 邁向高獲利的新境界	舒伯・喬賀瑞	180
QB1007	危機就是轉機： 自己創造奇蹟的50個法則	弘兼憲史	220
QB1008	殺手級品牌戰略： 高科技公司如何克敵致勝	保羅・泰伯勒等	280
QB1009	給一個A： 開發心智潛境與領導藝術	羅莎姆・史東・山德爾、班傑明・山德爾	280
QB1010	高科技就業聖經： 不是理工科的你，也可以做到！	威廉・夏佛	300
QB1011	為什麼我討厭搭飛機： 管理大師笑談管理	亨利・明茲柏格	240
QB1012	IT韓潮： 不容忽視的韓國IT競爭力	韓國IT研究會編	250
QB1013	活力客服： 打造人性化的客服中心	羅珊・德西羅博士	280
QB1014	中國製造： 揭開「世界工廠」的真相	黑田篤郎	280
QB1015	六標準差設計： 打造完美的產品與流程	舒伯・喬賀瑞	280
QB1016	我懂了！六標準差2： 產品和流程設計一次OK！	舒伯・喬賀瑞	200
QB1017X	企業文化獲利報告： 什麼樣的企業文化最有競爭力	大衛・麥斯特	320

經濟新潮社 〈經營管理系列〉

書號	書名	作者	定價
QB1018	創造客戶價值的10堂課	彼得・杜雀西	280
QB1019	體驗經濟時代	約瑟夫・派恩、 詹姆斯・吉爾摩	380
QB1020	我懂了！專案管理	詹姆斯・路易斯	280
QB1021	最後期限： 專案管理101個成功法則	Tom DeMarco	350
QB1022	困難的事，我來做！： 以小搏大的技術力、成功學	岡野雅行	260
QB1023	人月神話： 軟體專案管理之道	Frederick P. Brooks, Jr.	480
QB1024	精實革命： 消除浪費、創造獲利的有效方法	詹姆斯・沃馬克、 丹尼爾・瓊斯	480
QB1025	如何訓練一隻兔子： 促進溝通、激發潛力的53堂課	伊藤守	240
QB1026	與熊共舞： 軟體專案的風險管理	Tom DeMarco & Timothy Lister	380
QB1027	顧問成功的祕密： 有效建議、促成改變的工作智慧	Gerald M. Weinberg	380
QB1028	豐田智慧： 充分發揮人的力量	若松義人、近藤哲夫	280
QB1029	你想通了嗎？： 如何靈活思考，解決問題	Donald C. Gause、 Gerald M. Weinberg	260
QB1030	業務，這樣做就對了！： 要業績，也要完善的業務生涯規畫	克里斯・萊托	280
QB1031	我要唸MBA！： MBA學位完全攻略指南	羅伯・米勒、 凱瑟琳・柯格勒	320
QB1032	品牌，原來如此！	黃文博	280
QB1033	別為數字抓狂： 會計，一學就上手	傑佛瑞・哈柏	260
QB1034	人本教練模式： 激發你的潛能與領導力	黃榮華、梁立邦	280
QB1035	專案管理，現在就做： 4大步驟，7大成功要素，要你成為專案管理高手！	寶拉・馬丁、 凱倫・泰特	350

國家圖書館出版品預行編目資料

專案管理，現在就做／寶拉・馬丁（Paula Martin）、
凱倫・泰特（Karen Tate）著；胡瑋珊譯. -- 初版.
-- 臺北市：經濟新潮社出版：家庭傳媒城邦分公
司發行, 2005 [民94]
面；　公分. --（經營管理；35）
譯自：Getting started in project management
ISBN 986-7889-34-7（平裝）

1. 管理科學

494　　　　　　　　　　　　　　94017198

經濟新潮社

廣	告	回	函
台灣北區郵政管理局登記證			
台北廣字第000791號			
免	貼	郵	票

英屬蓋曼群島商家庭傳媒股份有限公司城邦分公司

104台北市民生東路二段141號2樓

請沿虛線折下裝訂，謝謝！

經濟新潮社

經營管理・經濟趨勢・投資理財・經濟學譯叢

編號：QB1035　書名：專案管理，現在就做

cité 城邦 讀者回函卡

謝謝您購買我們出版的書。請將讀者回函卡填好寄回，我們將不定期寄上城邦集團最新的出版資訊。

姓名：________________ 電子信箱：________________

聯絡地址：□□□ ________________________________

____

電話：（公）________________ （宅）________________

身分證字號：________________ （此即您的讀者編號）

生日：____年____月____日 性別：□男 □女

職業：□軍警 □公教 □學生 □傳播業 □製造業 □金融業 □資訊業

□銷售業 □其他________________

教育程度：□碩士及以上 □大學 □專科 □高中 □國中及以下

購買方式：□書店 □郵購 □其他________________

喜歡閱讀的種類：________________________

□文學 □商業 □軍事 □歷史 □旅遊 □藝術 □科學 □推理

□傳記□生活、勵志 □教育、心理 □其他________________

您從何處得知本書的消息？（可複選）

□書店 □報章雜誌 □廣播 □電視 □書訊 □親友 □其他________

本書優點：（可複選）□內容符合期待 □文筆流暢 □具實用性

□版面、圖片、字體安排適當 □其他________

本書缺點：（可複選）□內容不符合期待 □文筆欠佳 □內容保守

□版面、圖片、字體安排不易閱讀 □價格偏高 □其他

您對我們的建議：________________________

____

____

____